advaita *media*

Amerikanische Originalausgabe:
Lee Lozowick: The Alchemy of Transformation.

Deutsche Ausgabe:
Lee Lozowick: Die Alchemie der Wandlung.

Aus dem Amerikanischen von Matthias Schossig

©advaitaMedia – *Weisheit aus der Stille*
Maria-Louisen-Str. 57, D-22301 Hamburg
www.advaitamedia.com
order@advaitamedia.com

©2010 advaitaMedia GmbH
Projektleitung, Korrektorat: Lijoy Karikott, Hamburg
Satz: Frank Ziesing, Bielefeld
Cover: Katharina Joanowitsch, Hamburg
Druck und Bindung: C.H. Beck, Nördlingen

Neuauflage 2010

Bibliografische Information der Deutschen Nationalbibliothek:
Die Deutsche Nationalbibliothek verzeichnet diese Publikation in der Deutschen Na-
tionalbibliografie; detaillierte bibliografische Daten sind im Internet abrufbar über:
http://dnb.d-nb.de.

ISBN 978-3-936718-17-1

Lee Lozowick

Die

Alchemie

der

Wandlung

Aus dem Amerikanischen übersetzt von Matthias Schossig

advaita *media*

*F*ÜR MEINEN MEISTER YOGI RAMSURATKUMAR:

ER IST DAS LICHT, DAS MICH SEHEN LÄSST,

DAS HERZ, DAS MICH FÜHLEN LÄSST,

UND DIE WEISHEIT JENSEITS ALLER KONZEPTE.

DIE TRADITIONELLE UNTERWEISUNG

überträgt sich im Wesentlichen
mittels einer Beziehung,
der Beziehung zwischen Meister und Schüler.

DAS BUCH,

als geschriebener Ausdruck dieser Unterweisung,
wird dann zu dem, was den Lehrer mit dem Leser
– genauer gesagt das Wirkliche mit dem Leser –
verbindet.

DIE LEKTÜRE

kann somit Gelegenheit zur Übung sein,
der Übung einer bewussten Beziehung.

Yvan Amar (1950–1999)

INHALT

ÜBER MEINEN MEISTER

Was kann man über einen Menschen wie Yogi Ramsuratkumar sagen? Ich könnte ihn schildern, wie man gewöhnlich einen solchen Menschen schildern würde: dass er zu
jener kleinen Gruppe von Meistern gehört, die zu allen
Zeiten auf der Oberfläche unseres Planeten gegenwärtig

sind; dass sein segensreiches Tun sich großzügig auf alle erstreckt, denen es vergönnt ist, seinen Pfad zu kreuzen; dass sein Stil alle erreicht, alle Kulturen, alle sozialen Schichten, alle Rassen und Religionen, dass er zu allen Menschen spricht, ohne Unterschied und ohne Kompromisse.

Ich könnte mit jener Art vielsagender Beschreibung anfangen, mit der man normalerweise versuchen würde, einem so beeindruckenden Rätsel gerecht zu werden. Ich könnte sagen, dass er sich selbst als einen »verrückten Bettler« oder »schmutzigen Sünder« bezeichnet, aber seine Lumpen mit größerer Würde trägt, als ein König seine kostbarsten Kleider; dass er Tag und Nacht verfügbar ist, bereit zu dienen und die Bedürfnisse der Suchenden und aufrichtigen Schüler zu erfüllen; dass er seine Ausstrahlung und die außergewöhnliche Atmosphäre, die ihn umgibt, niemals für sich selbst in Anspruch nimmt und statt dessen sagt: »All dies stammt von meinem Vater im Himmel und nur von Ihm«.

Ich könnte noch viel mehr sagen, Yogi Ramsuratkumar preisen, eine lange Liste seiner edlen Taten aufstellen, die von den Menschen, die ihn lieben, festgehalten wurden. Aber es scheint mir, dass all dies noch immer die Wahrheit bei weitem verfehlen würde. Es ist tatsächlich nicht möglich, in Worten zu sagen, wer dieser Mensch ist. Sagen wir einfach, dass dieser verrückte Yogi ein Diener Gottes, eine lebende Verkörperung der Gnade sei und dass er sich jeder Beschreibung entziehe.

Trotzdem sollten wir uns nichts vormachen, uns nicht in falscher Sicherheit wiegen oder von schnellen magischen Fähigkeiten und billiger Ekstase träumen. Seid gewarnt: Man kommt einem Menschen wie Yogi Ramsuratkumar nicht nahe, wenn man nicht vorher gründlich mit derarti-

gen Dingen aufgeräumt hat. Menschen wie er sind eine töd-
liche Gefahr für das Ego. Sie sind ein alles verzehrendes
Feuer, eine wahre Umwälzung für ein Ego, das ebenso
geschickt wie schnell ist, sich zu verteidigen. Einer Menschheit, die tief versunken ist in Schlaf und dualistischer
Selbstwahrnehmung, sind sie nichts als Plage. Yogi Ramsuratkumar lässt nicht mit sich scherzen.

Er braucht mich wohl kaum, um ihn zu beschützen.
Gleichzeitig wäre es jedoch auch vollkommen fehl am
Platze, wenn er von Scharen spiritueller Touristen oder

Dilettanten heimgesucht würde. Wenn du, werter Leser, also dein kleines, sesshaftes, Gott leugnendes Leben schätzt, sei gewarnt! Dem brauche ich wohl nichts hinzuzufügen.

1976 traf ich den Yogi zum ersten Mal. Er war einer von vielen Weisen, Heiligen und Yogis, die wir mit einer Gruppe von Freunden auf einer langen Pilgerschaft durch Indien, der ersten in einer Reihe von Reisen in dieses Land, besuchten. Bewusst wurde ich erst 1979, während meines zweiten Besuches bei Yogi Ramsuratkumar, zu seinem Schüler. Ich erkannte, dass sein göttlicher Einfluss mich in meinem Leben bereits Jahre vor der ersten Reise nach Indien geleitet hatte.

Ich verbrachte nur relativ kurze Zeit in seiner körperlichen Gegenwart, zumindest im Vergleich zu einigen seiner indischen Schüler. Aber der Grad der Wandlung, die er in mein Leben gebracht hat, die totale Aufmerksamkeit, die er mir schenkte, wenn ich körperlich bei ihm war, ebenso wie die subtile Präsenz, die ständig mein Bewusstsein und mein Leben durchdringt – eine Gegenwärtigkeit, die ich nur auf sein außerordentliches Mitgefühl zurückführen kann – all dies überzeugte mich von der Wahrheit dessen, was ich hier beschreibe.

Er ist ein Juwel, ein großer Meister. Aber seid gewarnt: Niemand kommt unbeschadet davon, wenn er in die Nähe dieses Meisters gerät!

Die Geheimnisse des Zauberers

Jeder Zauberkünstler, der ein wahrer Meister seines Faches ist, wird seine Geheimnisse nur zwei Arten von Menschen enthüllen: Zum einen wird er bei denen, die nichts weiter sind als neugierig, kein Blatt vor den Mund nehmen. Bei jemandem, der einfach nur plaudern will oder aus reiner Angewohnheit neugierige Fragen stellt, weiß der Meister der Magie, dass der Fragende niemals ernsthaft anfangen wird, selbst zu zaubern und die Geheimnisse anzuwenden. Wenn er einer solchen Person etwas erzählt, ist es, als würde er gegen eine Wand reden. Solche Menschen sind völlig harmlos.

Die zweite Art Menschen, denen ein Zauberer seine Geheimnisse nicht vorenthalten wird, sind solche, die es ernst meinen und ernsthaft daran interessiert sind, seine Magie wirklich anzuwenden; Menschen, die darüber hinaus mit diesem seltenen und wichtigen Wissen verantwortlich umgehen und sich ihm verpflichtet fühlen. Eine solche Person wird mehr als glücklich sein, sich allen Anregungen des Meisters zu fügen, eine oft langwierige und anstrengende Lehrzeit auf sich nehmen, möglicherweise ein ganzes Jahr lang nichts weiter tun, als Kleinigkeiten und Requisiten umherzutragen, den Fußboden zu wischen oder Kisten abzustauben, bevor er in die einfachsten Geheimnisse eingeweiht wird. Ein solcher Mensch wird das Wissen des Magiers in seinem wahren Wert schätzen und sicherlich nicht leichtsinnig damit umgehen oder es einfach weitererzählen. Nach seiner Lehrzeit wird der Zauberlehrling schließlich genau darauf achten, die Geheimnisse ebenso zu hüten wie sein Meister, und ein Auge darauf haben, nur die ernsthaftesten und eifrigsten Schüler zu wählen.

Alle Arten von Menschen, die zwischen diesen beiden Polen liegen, können für den Zauberkünstler sehr gefährlich werden. Einige wollen sich nur selbst bereichern und die Geheimnisse an den Meistbietenden weitergeben. Oder sie wollen sie aus Sucht nach Geld oder Ruhm zu Markte tragen. Andere werden Geheimnisse willkürlich in der Gegend herumerzählen und dadurch den wahren Wert der Magie als Kunst und Lebensweise schmälern. Wieder andere werden sich einbilden, sie wüssten bereits mehr als der Meister. Sie werden die erprobten, wahren und uralten Geheimnisse ihrem eigenen persönlichen Stil, ihren individuellen Neigungen und Launen entsprechend »modernisieren« und »verbessern«, wodurch die ursprüngliche Magie und ihre Geheimnisse binnen kürzester Zeit bis zur Unkenntlichkeit entstellt werden. Andere werden die höchst kostbaren und heiligen Geheimnisse als Gesellschaftsspiel missbrauchen, sie durch die niedrigsten Niederungen der Kultur (oder Unkultur) zerren und die wirkliche Kommunikation und das Wissen, das sie verkörpern sollen, vollkommen zerstören.

So spendet der erste Typ dem Meister gedankenlos Beifall, der zweite würdigt ihn und nimmt ihn dankbar an (vielleicht mit unausgesprochenem Dank, der zu kostbar ist, um ihn in Worte zu fassen), während der Rest ihn lächerlich macht, ihn verflucht, diffamiert, ignoriert, Witze über ihn reißt und ihn zum Gegenstand von Spott und Zynismus macht. Der Zauberkünstler jedoch bleibt ein Meister der Magie, unabhängig davon, wie sein Publikum sich verhält. Seine gesamte Existenz ist im Wesentlichen auf die Verwirklichung der Meisterschaft gerichtet. Sich eines Lehrlings (oder, wenn er Glück hat, auch mehrerer) anzunehmen, ist die Verpflichtung, die er gegenüber seinem Handwerk, seiner Kunst und seinem Wissen eingegangen ist.

Es sei dem Leser überlassen, inwieweit er Parallelen zwischen einem spirituellen Meister und einem Zauberkünstler ziehen mag.

VORWORT

*D*IE WORTE EINES LEHRERS WIE LEE LOZOWICK VERHALLEN NIEMALS IM LEEREN RAUM. SIE FINDEN IHRE RESONANZ AUF ALLEN EBENEN. DIE WELT BRAUCHT DIESE ART VON HILFE HEUTE DRINGENDER DENN JE.

Dina Rees

Vor einigen Jahren besuchte Mr. Lee mit seiner Entourage Dina Rees in ihrem Haus in einem Dorf nahe Freiburg. Sobald sie Mr. Lee erblickte, umarmte sie ihn herzlich wie einen geliebten Sohn und erkundigte sich ohne Umschweife nach seinem Meister Yogi Ramsuratkumar. Sie wollte alle Einzelheiten ihres Zusammentreffens in Indien erfahren und war offensichtlich voller Freude, als sie von der Entwicklung der Beziehung Mr. Lees zu seinem Meister hörte. Eine solche Beziehung, sagte sie, sei ein Segen für das ganze Universum, und die Welt brauche mehr davon. »Lee,« munterte sie ihn auf, »du solltest vielen, vielen Menschen von dieser Begegnung erzählen. Es ist eine ›great story‹«.

Während des Besuches von Mr. Lee bei Dina Rees kam das Gespräch auf eine Äußerung, die er über seinen Meister, Yogi Ramsuratkumar, gemacht hatte. Der habe ihm eigentlich nichts »gegeben«, sondern ihm vielmehr »das Herz so gebrochen, dass nur Gott es wieder heilen kann«. Bei diesen Worten war Dinas Aufmerksamkeit vollständig von Mr. Lee gefesselt. Ihre Augen verrieten, dass sie genau wusste, wovon er sprach. Sie schaute auf ihn, und jeder wusste, dass sie sah, wer er *wirklich* ist. Ihr Blick war voller Sanftheit, Dankbarkeit, Bescheidenheit und Liebe. Das Angebot einer Übersetzung lehnte Dina, die selbst nur mit einer ihr eigenen Mischung aus deutschen und englischen Wörtern zu ihm sprach, ab mit den Worten: »Wenn du sprichst, verstehe ich alles vollkommen.«

Im Juni 1988 sagte Dina Rees über Mr. Lee: »Wahre Liebe, das ist es, was ihr braucht. Wahre Liebe ist Dienen, besonders zwischen Mann und Frau. Mr. Lee lebt es euch vor und erspart euch damit viele Probleme. Es ist sehr gut, einen Menschen von solcher Klarheit um sich zu haben. Es ist ein sehr schneller Weg.«

Wir können uns in der Tat glücklich preisen, Mr. Lee unter uns zu haben. Die Worte in den folgenden Kapiteln bieten die Möglichkeit, mit der großen Klarheit, der alles verwandelnden Liebe und der unbändigen Energie, die dieser Meister verkörpert, in Berührung zu kommen.

Dina Rees kam nicht mehr dazu, Mr. Lee in Amerika zu besuchen, sie starb am 4. August 1990, aber das Privileg eines ehrerbietenden Grußworts für Mr. Lees Buch *Die Alchemie der Wandlung* gebührt niemandem so sehr wie ihr.

EINLEITUNG

Die siebenhundertjährige Tradition der Bauls in der indischen Provinz Bengal ist im Westen praktisch unbekannt. Nur in wenigen Büchern, einer knappen Handvoll wissenschaftlicher Artikel und eher unzusammenhängenden Sammlungen von Liedern und Gedichten ist sie dokumentiert. Oberflächlich betrachtet ergibt sich das Bild einer Gruppe versponnener Dichter und Bettler, eines lebensfrohen und leidenschaftlich frommen Volkes – individualistisch, ikonoklastisch, visionär, humorvoll, liebevoll und frei. Ihre religiösen Praktiken, darunter Atemübungen, sexuelle Praktiken und Gesang, haben die Erweckung des Herzens zum Ziel, eine innige Beziehung zum »Herzensmenschen«, ihrer Vorstellung eines Göttlichen Geliebten, der jedem Wesen innewohnt. Der typische Baul ist ein wandernder Barde, der von Dorf zu Dorf zieht, nur mit seinen Instrumenten, um Gesang und Loblied Gottes zu begleiten. Gekleidet in Lumpen, abgelegten Kleidungsstücken von Hindus oder Muslims, verachten die Bauls alle Formen und Regeln der Orthodoxie. Gelegentlich versammeln sie sich auf großen Märkten (*Melas*), um gemeinsam zu singen und zu feiern. Dann zerstreuen sie sich wieder in alle Winde und ziehen ihres Weges, so rasch, wie sie gekommen waren.

> *... und die Bauls kamen,*
> *tanzten,*
> *sangen*
> *und verschwanden*
> *im Nebel ...*

Ein Baul bleibt im Leben »gänzlich seinem Wesen treu.
Er lacht und weint, tanzt und bettelt, ganz wie er will... ein
tanzender Bettler.« Er ist jedoch kein gewöhnlicher Bettler,
sondern einer, der die Welt der Konventionen auf den Kopf
stellt, Gewohnheiten des Denkens und Fühlens über Bord
wirft und seine Zuhörer wachrüttelt, um ihnen die spontane Essenz des Lebens zu zeigen.

Die folgenden Kapitel sind die Zusammenfassung einer
Reihe von Vorträgen, die der amerikanische Baul Mr. Lee
im Frühjahr 1988 hielt, als er mit einer Gruppe von Freunden und Schülern kreuz und quer durch Deutschland reiste.
Diese Schar zeitgenössischer Bauls hatte äußerlich nichts
Ungewöhnliches an sich. Sie reiste in einem kleinen Konvoi
von Kleinbussen und Pkw und wies nur wenig Ähnlichkeit
mit ihren Vorläufern aus dem fernen Bengal auf. Für diejenigen jedoch, die das Glück hatten, mit dem Meister zu
reisen und an seinen Gesprächen teilzunehmen, gab es
viele leicht erkennbare Gemeinsamkeiten mit den wandernden Baul-Sängern und ihrer langen Tradition, in Stimmungslage und Zusammensetzung der Gruppe wie in ihren
Themen.

Mr. Lee tut und sagt vieles, was die Aufmerksamkeit seiner Zuhörer empfindlich provoziert. Auf vielfältige Weise
macht er deutlich, dass es nur so möglich ist, uns aus unserem Schlaf der Selbstgerechtigkeit und Anpassung zu rei-
ßen, an dem unser Bedürfnis nach Sicherheit und Selbstdefinition innerhalb eines chaotischen Universums uns fest-
halten läßt. Im Zustand des Schocks ebenso wie in schallen-
dem Gelächter – zwei der bevorzugten Hilfsmittel des Meisters – haben wir die Möglichkeit, unsere Rüstung fallenzulassen, die Gedanken für einen Moment auszuschalten und
von innen heraus Raum für die Möglichkeit eines echten

Durchbruchs zu schaffen. Wir haben die Gelegenheit, dessen eingedenk zu sein, der schon immer in uns gegenwärtig ist: Gott. Es ist ein grundlegendes Prinzip der Lehre Mr. Lees, dass »Gott nicht im fernen Himmel thront«. Das Göttliche ist vielmehr in jedem Atemzug, der unsere Zellen durchdringt, im Blut, das unsere Adern füllt, und in den einfachsten und gewöhnlichsten Dingen des täglichen Lebens. Ebenso wie die Lieder der Baul sind Mr. Lees Worte voller Poesie, aber auch voller Respektlosigkeit. Sie vereinen die Erzählungen von der mystischen Sehnsucht für das Göttliche mit beißendem Spott und einem Humor, der vor nichts haltmacht. Wie viele Zen- und Sufi-Meister ist ein Baul kein Mensch, der sich so leicht bändigen lässt. Bei jedem Versuch, ihn in eine Schublade zu stecken oder einer Definition unterzuordnen, wird er im nächsten Atemzug mit Macht zurückschlagen und dabei nicht nur dem Gesagten, sondern möglicherweise auch sich selbst widersprechen.

Mr. Lee bezieht sich auf sich selbst mit vielerlei Namen: der »Gaukler Gottes«, der »arrogante Narr«, der »Bettler der Bettler«, der »unfähige Dichter«. Jeder dieser Titel wird sich bestätigen, wenn man die folgenden Gespräche liest. Eine »New-Age«-Spiritualität, die Erleuchtungstechniken und warme Gefühle verspricht, ist jedoch nicht seine Sache. Seine Lehre ist vielmehr eine radikale, traditionelle, elegante und respektlose Darstellung einer Lebensweise, voller Hingabe für den Guru, die zu einer alchemistischen Wandlung des menschlichen Wesens führt. Diese Lebensweise erfordert Disziplin, Entschlossenheit, absichtsvolles Handeln und vor allem viel Praxis sowie alltägliche Meditation. Der Leser sei gewarnt, dass hier keine leichten Antworten zu finden sind. Wer mit einem Meister »spielt«, bewegt sich am Rande des Abgrundes. Man sollte sich jeden Schritt genau überlegen, aber auch darauf gefasst sein, durchaus einmal in den Zustand des »freien Falls« zu geraten, der sich in Form einer völlig ausgelassenen, fröhlichen Stimmung zeigen kann.

Regina Sara Ryan

I

EIN MEISTER BEI DER ARBEIT

Ich möchte mit einer freundlichen Warnung beginnen. Die Art und Weise, wie ich arbeite, ist sehr persönlich und direkt. Sollten meine Worte dich provozieren, versuche, es nicht persönlich zu nehmen. Wenn ich sage, dass meine Arbeitsweise sehr persönlich ist, heißt das noch lange nicht, dass ich an jedermanns Privatleben und Affären interessiert wäre. Im Gegenteil, ich interessiere mich überhaupt nicht für eure Beziehungen, eure finanziellen oder emotionalen Probleme, und reagiere sehr allergisch auf Menschen, die mir ihr persönliches Leben erzählen wollen. Ich möchte nichts davon wissen.

Das einzige, was mich an jedem von euch interessiert, ist der Teil, der niemals seine Verbindung zum Göttlichen verliert. *Das Dumme an uns Menschen ist nur, dass das, was niemals die Verbindung zum Göttlichen verliert, fast immer die Verbindung zu unserer Aufmerksamkeitsfunktion verloren hat.* Daran müssen wir arbeiten.

Spirituelle Arbeit ist alles andere als ein leichter Lösungsweg, um unser kaputtes Leben wieder in Ordnung zu bringen. Echte spirituelle Arbeit hat nichts damit zu tun, was wir für uns selbst, sondern immer, was wir *aus uns selbst* heraus für etwas Höheres tun können. Der Sinn der spirituellen Arbeit liegt darin, Gott zu dienen. Wenn wir durch den Dienst an Gott das Durcheinander, das wir aus unserem Leben gemacht haben, wieder in Ordnung bringen können – um so besser. Wenn es dadurch nicht in Ordnung gebracht werden kann und statt dessen noch schlimmer wird – nun, dann kannst du meinetwegen Gott dafür verantwortlich machen, und trotzdem weiterarbeiten.

Spirituelle Arbeit dreht sich um Disziplin und Beständigkeit, nicht darum, wie schön und lichtvoll die Dinge erscheinen, nachdem du dich ein oder zwei Jahre lang in Meditation geübt hast. Die Meditation *wird* deine Sicht der Dinge verändern, aber erst nachdem sie alles, was sich im Weg befindet, beseitigt hat. Und dieser Vorgang ist möglicherweise weder besonders attraktiv noch angenehm. Es könnte sogar sein, dass du für verrückt gehalten wirst oder dich selbst fühlst, als seist du verrückt geworden.

Die Arbeit eines Meisters mit seinen Schülern ist wie Wasser. Sie wird keinen Freiraum lassen. Kein Spalt, keine kleine Nische wird unberührt bleiben. Psychologische und therapeutische Arbeit ist oft so, als würde man versuchen, eine Lücke einer Mauer mit Steinen auszufüllen. Wenn du einen großen Stein nimmst und versuchst, ihn in einen Spalt in der Wand zu rammen, kann es passieren, dass die ganze Wand anfängt zu wackeln und einstürzt. Das kann zwar sehr dramatisch sein, aber die vielen kleinen Risse bleiben dennoch unausgefüllt. Viele Aspekte des Lebens bleiben vollkommen unberührt.

Meine Arbeit mit Menschen ist persönlich, weil sie wirklich zur Sache geht. Sie ist Teil eines Weges, der im Vergleich zu den üblichen Methoden zur inneren Wandlung aus dem Rahmen fällt. Dabei ist dieser Weg nicht einzigartig, nur ungewöhnlich, und nicht einmal besonders selten, vorausgesetzt, du weißt, wo du zu suchen hast.

Ich war früher ein Briefmarkensammler. Ich handelte mit seltenen Briefmarken. Die Leute schauten sich meine Liste an und sagten: »Mein Gott, wo hast du so viele Raritäten her?« Für jemanden, der relativ unbedarft war, sah es so aus, als wäre meine Ware etwas extrem Ungewöhnliches. In Wirklichkeit lag es nur daran, dass ich mich damit gut auskannte. Ich wusste, wo ich hinzugehen hatte, um zu finden, was ich brauchte. Ich kannte Händler, die zehnmal so viel hatten wie ich, ganze Keller voller seltener Briefmarken.

Ebenso ist es hier. Die Arbeit, die ich leiste, ist nicht einzigartig. Sie ist nur schwer zu finden. Aber wenn du weißt, wo du hinzugehen hast, ist sie durchaus verfügbar. Sie ist keine geheime Arbeit. Sie ist nur deshalb rar, weil die meisten Menschen sie nicht finden, und viele andere nicht willens oder nicht in der Lage sind, den Preis dafür zu bezahlen. (Und ich rede nicht von Geld.) Rar heißt hier nicht, dass sie nicht erhältlich ist.

Meine Arbeit mit euch erzeugt möglicherweise Hunger nach etwas, was nur schwer zu finden ist. Wenn das der Fall ist, dann habe ich meine Arbeit gut getan. Dabei spielt es keine Rolle, ob du mein Schüler wirst oder nicht. *Wer* diesen Hunger stillt, ist nicht wichtig, nur dass er gestillt wird.

Kürzlich gaben wir ein Seminar in Hannover. Am Ende fragte ich, ob noch jemand eine Frage oder eine Bemerkung hätte, die er gern loswerden wolle. Ein Mann meldete sich. Er sagte ganz unkompliziert und aufrichtig: »Ich bin ein wenig ärgerlich und durcheinander, weil etwas in mir wieder lebendig geworden ist, was ich immer zu vergessen versucht habe. Seit langem kenne ich einen Hunger nach einer bestimmten ›Nahrung‹, die ich in der Vergangenheit immer gesucht habe. Aber immer, wenn ich der Sache näher kam, merkte ich, dass es nicht leicht war, sie auch wirklich zu bekommen. Es wäre zu viel Arbeit gewesen, und da ich nicht bereit war, sie zu leisten, verdrängte und übertünchte ich meinen Hunger danach. Es ist schon Jahre her, seit ich überhaupt an diesen Hunger gedacht habe. Dein Vortrag hat nun diese alten Gefühle wieder wachgerufen. Ich weiß nicht, ob ich das gut finden soll oder nicht. Es ist nicht gerade sehr angenehm für mich. Aber trotzdem vielen Dank.«

Dieser Mensch war ehrlich. Er gab offen zu, dass es für ihn kein Vergnügen war, seinen alten Hunger wiederzubeleben. Die Feinheiten dessen, was ein Meister vermittelt, sind nicht immer bloß Güte, Licht und Reinheit. Sobald du jedoch die Verbindung zu der Leidenschaft, Stimmung und Lebendigkeit einer authentischen Lehre bekommen hast, wirst du bald merken, dass du von einer Sucht besessen bist, die du so schnell nicht wieder los wirst.

Ich stelle hier zuerst einige grundsätzliche Fragen klar, damit du später nicht allzu überrascht sein wirst. Nach meiner Erfahrung wissen jedoch die meisten Menschen bereits ganz genau, worauf sie sich einlassen, wenn sie mit der spirituellen Arbeit beginnen. Dennoch sind sie immer wieder überrascht – manchmal angenehm, manchmal weniger angenehm. Wenn wir Angst vor Überraschungen haben, dann sollten wir sie beachten, denn sobald wir mit beiden Beinen in der Arbeit stehen, können wir vor Überraschungen nie mehr sicher sein.

Es ist sehr wichtig für einen Lehrer, eine persönliche Beziehung mit dem Schüler zu pflegen, um sicherzustellen, dass alles, was in der Arbeit berührt wird, auf Wunsch auch verfeinert und vervollkommnet werden kann. Es ist wie beim Bearbeiten eines wertvollen Steines. Das Ausgangsmaterial in der Diamantenschleiferei ist der Rohdiamant in seiner Matrix aus Erde und anderem Gestein. Zuerst muss der Stein gereinigt und die Matrix beseitigt werden. Anschließend wird der Stein geprüft, um eventuelle Unreinheiten zu finden. Erst dann weiß ein Diamantenschleifer, der sein Handwerk beherrscht, wo er den Diamanten schneidet und welchen Schliff er ihm verpasst. Erst wenn alles bestimmt ist, kann die Arbeit beginnen. Noch immer muss man nach jedem Schlag mit dem Hammer und nach jedem Schnitt mit der Säge innehalten, um den Prozess noch einmal zu analysieren und festzustellen, ob das ursprüngliche Urteil zutreffend war. Einen Diamanten zu facettieren ist eine sehr hohe Kunst, und nicht jeder, der eine Trommel zum Polieren von Achaten besitzt, beherrscht sie.

Meine Arbeit mit Schülern ist wie das Schleifen von Diamanten. Ich werde niemals ein Stück abschlagen und anschließend sagen: »Das ist aber ein hübscher Diamant«, um ihn dann fallenzulassen. Wenn ich etwas beginne, will ich es auch zu Ende führen. Das geht jedoch nicht ohne ein hohes Maß an gerichteter Aufmerksamkeit.

Einige Lehrer sagen, dass sie nichts anderes zu tun brauchen, als an einen Schüler zu denken, und schon wird die Gnade Gottes einsetzen und alles regeln. Das deckt sich nicht mit meiner Erfahrung. Wenn ein Lehrer so etwas behauptet, meint er damit normalerweise, dass seine Verbindung zu einem Schüler vielerlei Phänomene erzeugt – sogar Visionen und sehr heftige Erfahrungen. Ich bin der Ansicht, dass Visionen und Erlebnisse überhaupt nichts bedeuten, wenn sie nicht in dem entsprechenden Zusammenhang gesehen werden. Selbst wenn ein Schüler fünfzig kosmische Erfahrungen hat, ist das völlig unerheblich, wenn die Erfahrungen nicht in korrekter Weise ausgerichtet werden.

Die Hilfestellung, die der Meister dem Schüler gibt, besteht nicht darin, dass er weise Ansichten verbreitet – alle traditionellen Schriften über Sufismus, Buddhismus, Gurdjieff-Arbeit sind voll davon. Der Wert des Meisters ist nicht, dass er etwas weiß, sondern dass er die Fähigkeit besitzt, dem, was der Schüler aus seiner eigenen Erfahrung lernt, eine Richtung zu geben. Das ist es, worauf ich mich spezialisiert habe: Ich rücke gewisse Dinge zurecht. Wenn ich sarkastisch wäre, könnte ich sagen, ich bin ein kosmischer Chiropraktiker oder, besser noch, ein Statiker, der die Belastungen eines Gebäudes untersucht. Falls die Belastungsprobe Unregelmäßigkeiten gezeigt hat und das Gebäude strukturelle Verstärkungen braucht oder gewisse Dinge zurechtgerückt werden müssen, bin ich derjenige, der weiß, was zu tun ist.

Da wir schon einmal dabei sind, Vergleiche zu ziehen: Ich habe diese Arbeit oft mit dem Schmieden eines feinen Samurai-Schwertes verglichen. Der Stahl muss auf eine ganz bestimmte Art für eine ganz bestimmte Dauer im Ofen erhitzt werden. Dann wird er herausgenommen, ein wenig temperiert, gekühlt und noch einmal für eine Zeit in den Ofen gelegt. Anschließend wird er wieder herausgenommen, temperiert, gekühlt, wieder hinein gelegt und so weiter. Es ist ein sehr langer, geregelter Prozess, den der Meister ausschließlich nach seiner Intuition gestaltet.

Ein Baul ist kein Zen-Meister, der dich anschaut und sagt: »Wach auf! Erkenne die Wirklichkeit!«. Ebenso wenig ist er ein Yogi, der sagt: »Dies ist die Wahrheit! Das Herz ist Gott! ... Nun, warum hast du immer noch Probleme? Das Herz ist Gott! Lebe einfach danach! ... Na los!« Anfangs habe ich das ebenfalls probiert, aber ich habe herausgefunden, dass die Leute offenbar der Meinung sind, dass sie alles in ihrem Leben bereits verwirklicht haben. Männer kamen zu mir und sagten: »Ich führe das Leben eines Erleuchteten, aber meine Frau, sie versteht es nicht. Sie schafft es einfach nicht, ihr Bewusstsein zu erweitern, und mit so einem Menschen kann ich auf Dauer nicht leben.« Nun, das bestätigte mich in meiner Überzeugung, dass sie weit davon entfernt waren, ihre hehren Ideale im Leben zu verwirklichen.

Das Thema »Erleuchtung« ist außerordentlich brisant. Für mich wurde es allmählich so unübersichtlich, dass es unmöglich wurde zu sagen, ich sei erleuchtet. Ich glaube, ich weiß nicht einmal genau, was Erleuchtung ist. Ich weiß, was Resonanz und was Dissonanz hat. Ich weiß, was ausgerichtet und was fehlgerichtet ist. So kann ich mit Menschen arbeiten und ihnen helfen, sich zu verfeinern und auf der richtigen Spur zu bleiben. Aber Erleuchtung? Die sollten wir lieber Gott überlassen. Vielleicht weiß Gott, was das ist.

Sobald wir ein Stück unserer Forschungsreise gemeinsam zurückgelegt haben, hat es keinen Sinn mehr, das, was

hier geschieht, intellektuell begreifen zu wollen. Verlass
dich einfach auf deine gesunde Neugier. Außerdem solltest
du dich davor hüten, deinen Erfolg daran zu messen, ob du
alles, was ich sage, auch begreifst und intellektuell zu
einem großen Mosaik zusammenfügen kannst. Achte lieber auf dein Gefühl.

Somit ist oft die Übermittlung der Wirklichkeit einfach
die Art und Weise, wie du dich in jemandes Gegenwart
fühlst – nicht, was er tut, was er sagt oder was für ein groß-
artiger Künstler ist. Wirkliches Verständnis dreht sich
darum, wer der Mensch ist, nicht, unter welchem Titel er
bekannt ist. Und ganz im Gegensatz zu deinen Erwartungen sind manchmal die am wenigsten ernst gemeinten Antworten auf deine »ernsten« Fragen die wertvollsten. Das
erinnert mich an folgende Anekdote:

Es gibt eine berühmte Zen-Geschichte, einen Koan,
über einen überaus spontanen Lehrer, der zwei seiner Mönche dabei ertappt, wie sie sich um eine Katze streiten. Die
Mönche leben in zwei getrennten Zellen des Klosters, und
jeder will die Katze für sich allein haben. Der Lehrer, ich
glaube, es war Nanzen, beobachtet einen Moment lang den
Streit. Er geht zu den beiden Mönchen, die an der armen
Katze zerren, ergreift die Katze und sagt zu den beiden:
»Schnell, sagt mir, flattert die Fahne, weil der Wind weht,
oder weht der Wind, weil die Fahne flattert? Antwortet
sofort, oder ich schneide die Katze mittendurch.« Die
beiden Mönche sind so schockiert, dass sie vollkommen
sprachlos dastehen. Also schneidet Nanzen die Katze mittendurch.

Jeder, der sich ein wenig in der Tradition des Buddhismus auskennt, weiß, dass es sich dabei um die Tradition
des Ahimsa, der Gewaltlosigkeit, handelt. Ob nun die bei-

den schockierten Mönche den Zen-Buddhismus oder eine
beliebige andere Spielart des Buddhismus praktizierten, ist
unerheblich, das Grundprinzip der Gewaltlosigkeit gilt bei
allen. Neben ihrer absoluten Gewaltlosigkeit kann man
davon ausgehen, dass sie das »Gelübde des Bodhisattva«
abgelegt, das heißt, sich verpflichtet hatten, allen bewussten Wesen zu dienen – nicht nur der Menschheit. In einer
solchen Tradition und angesichts eines solchen Verspre-
chens gibt es mit Sicherheit keine Möglichkeit, eine Katze
ins Nirvana zu schicken, indem man sie mittendurch
schneidet. Die Handlungsweise des Lehrers machte die
beiden streitenden Mönche vollkommen sprachlos – sie
stoppte für einen Moment ihre Gedanken.

Oft sind die Katalysatoren, die sich in der Arbeit mit
Schülern als höchst wirkungsvoll herausstellen, dem rationalen Verstand überhaupt nicht einsehbar. Selbst wenn der
Verstand sich keinen Reim auf etwas machen kann, gibt es
immer noch vieles, was der Körper erkennt. Information
ist nützlich, aber noch nützlicher ist ein instinktives Gefühl
für das Wesen der Arbeit, und die Bereitschaft, selbst für
sie verantwortlich zu sein – gleich, ob du sie verstehst oder
nicht. Werner Erhard hat einmal gesagt: »Nur Dumme wollen alles verstehen«. Ich glaube, er hatte Recht damit.

Wenn du aus unserer gemeinsamen Erkundungsfahrt
etwas lernen kannst, wird das Gelernte davon abhängen,
mit welcher Intensität du deine Erfahrungen wahrnehmen
konntest, nicht etwa von bestimmten neuen Erkenntnis-
sen über Aspekte der spirituellen Praxis. Meine Arbeitsweise besteht nicht darin, geduldig die Antworten auf alle
deine Fragen zu erläutern, damit du zu einer verstandesmä-
ßigen Lösung kommst. Meine Arbeitsweise besteht darin,
Erfahrungen zu provozieren und anschließend zu versuchen,

entweder die Erfahrung zu definieren, damit »derjenige«, der provoziert wurde, eine Definition erhält, oder einfach zu hoffen, dass du sensibel, intelligent und entschlossen genug bist, an dir zu arbeiten, um von selbst darauf zu kommen. Zweifellos ist jeder von euch intelligent. Leider ist Intelligenz jedoch kein Ersatz für gesunden Menschenverstand und die Bereitschaft, verletzlich und aufgeschlossen zu sein, damit ein Meister, gleich welcher Art, mit dir arbeiten kann.

Es gibt die Geschichte über einen indischen Yogi, der sehr oft und sehr lange meditierte. Manchmal versank der Mann tagelang in Samadhi, einer Art seliger Ekstase. Eines Tages, als er gerade wieder über dem Studium seiner Schriften saß, fragte er ganz nebenbei seine Frau, was sie zum Abendessen kochen würde. Sie sagte: »Deine Lieblingsspeise, Samosas«. Er freute sich darauf. Kurz vor dem Essen entschloss er sich jedoch, noch eine Weile zu meditieren, und versank wie so oft in Samadhi. Diesmal blieb er fünfzehn Jahre lang in seinem Glückszustand. Seine Haare wuchsen. Seine Fingernägel wuchsen, und wahrscheinlich urinierte er auch auf sein Meditationskissen. (Ist dir schon einmal aufgefallen, dass derartige Geschichten niemals den elementarsten Teil der menschlichen Bedürfnisse einschließen?)

Nach fünfzehn Jahren kam der Yogi wieder aus dem Samadhi heraus. Sobald er sein normales Bewusstsein wiedererlangt hatte, rief nach seiner Frau: »Frau, wo bleiben die Samosas?« Geduldig erklärte sie ihm, dass all die Jahre der Übung, der Entbehrungen und der Meditation ihn offenbar immer noch nicht zu einem einsichtigen Menschen gemacht hätten. Es war für den Yogi ein großer Schock, als er erkannte, dass seine Frau recht hatte: Sein Magen war ihm wichtiger geworden als alle spirituellen Erfahrungen, die er in seinem Leben hatte. So wurde er zum Anhänger, zum Schüler seiner Frau.

Die Erfahrung, die ich normalerweise provoziere, ist nicht die Erfahrung einer heiligen Kommunion oder eines Samadhi. Es ist vielmehr die vollkommen klare Beobachtung dessen, was du jetzt bist. Es ist nicht schwer, in einem Raum voller Menschen, die angeblich spirituell arbeiten, ein Glücksgefühl oder ein Gefühl von Leichtigkeit zu erzeugen, selbst Ekstase ist nicht schwer. Andererseits kannst du dasselbe mit Hilfe von ein paar guten Bieren, dem richtigen Partner und einem Abend mit der Musik der Rolling Stones ebenfalls erreichen. Ekstatische oder angenehme Erlebnisse an sich verursachen noch keine innere Wandlung. Sie müssen integriert, verdaut und auf die richtige Weise mit Leben erfüllt werden, um nützlich zu sein. Das erfordert Arbeit – sprich: Übung.

Großartige Einsichten allein bewirken keine innere Wandlung. Möglicherweise erfährst du durch den Besuch eines Workshops oder das Lesen eines Buches nichts anderes, als dass du schon immer Sex mit deiner Mutter haben wolltest. Vielleicht verfolgt dich diese Erkenntnis sogar bis ans Ende deines Lebens, aber du hast immer noch nichts Wirkliches über dich selbst gelernt. Andererseits erkennst du möglicherweise, dass du ein »Lichtwesen« bist, rein, makellos, Bestandteil des Göttlichen, alles auf einmal, oder du hast noch andere tiefgreifende, unaussprechliche Erkenntnisse. Es spielt keine Rolle. Alles zu seiner Zeit. Es kann ja durchaus sein, dass du *nicht* getrennt von Gott, sondern eine Zelle des großen göttlichen Ganzen bist. Wenn dein Verhalten jedoch nicht in jedem Augenblick dieser Realität entspricht, ist diese Wahrheit im wesentlichen wirkungslos. Angenommen, jemand lässt im Supermarkt direkt neben dir ein Paket fallen, und du hilfst nicht, es aufzuheben. Was spielt es dann für eine Rolle, wie tief du dir deines göttlichen Wesens bewusst bist?

Oft ist die Arbeitsweise eines Meisters mit Absicht sehr drastisch. Bestimmte Methoden werden übertrieben, um alle auszusondern, deren Wunsch, diese Arbeit anzupacken, nicht beständig genug ist. Wenn ich das auf eine Weise tue, die persönliche Vorurteile missachtet oder jemanden abstößt, nimmt der Betroffene es wahrscheinlich zu ernst. Und das ist sein Fehler. Wenn ich zum Beispiel mitten im Raum aufspringe, auf alle Mütter schaue und zu schreien beginne: »Ihr habt eure Kinder verkrüppelt! Wann werdet ihr das endlich merken?«, werden sie sofort anfangen, sich zu verteidigen: »Wie kannst du das nur sagen? Merkst du nicht, dass ich mein Kind wirklich liebe?« und ähnliches Blabla. Genau dann wird ihnen durch ihre Selbstrechtfertigung eine ganz wichtige Gelegenheit zur Selbstbeobachtung entgehen.

Nicht immer nehmen meine Übertreibungen die Form von Schimpfkanonaden an. Vor einigen Jahren ging ich mit Freunden auf der Lower East Side von Manhattan, einer der schlimmsten Gegenden New Yorks, spazieren. Auf dem Bürgersteig lag ein riesiger Haufen Müll, bedeckt von einer alten Matratze. Die Matratze sah ziemlich schlimm aus, aufgeplatzt und schmutzig. Ich sagte also: »Das sieht ja sehr einladend aus« und wollte mich gerade hineinfallen lassen, als mich zwei der Frauen, die rechts und links von mir gingen, mit eiserner Hand ergriffen. »Oh mein Gott!« schrien sie. »Diese Matratze hat wahrscheinlich alle Krankheiten in sich, die man sich nur vorstellen kann. Sie ist ekelhaft! Absolut verdreckt! Pfui!« Sie dramatisierten durch ihre Reaktion das Verhältnis, das die Menschen zu Schmutz und Krankheit haben. Dabei hat jeder von euch wahrscheinlich schon auf Matratzen geschlafen, in denen viel mehr psychischer Schmutz gesteckt hat, der unendlich schlimmer ist als alle biologischen Bazillen, die ich mir auf der alten Matratze hätte holen können.

Anstatt alle möglichen Tests und Übungen für einen Schüler zu veranstalten, gehe ich völlig konservativ vor. Ich warte darauf, dass die Umgebung die geeigneten Umstände erzeugt, und dann nutze ich die Gelegenheit, die durch die Umwelt bereits geschaffen wurde.

Vor einigen Jahren reisten wir mit einundzwanzig Leuten, siebzehn Erwachsenen und vier Kindern, durch Indien. Vor der Abreise hatte ich der Gruppe erklärt, dass ich, anstatt Hotels mit westlichem Standard zu benutzen, lieber an Orten übernachten würde, die im allgemeinen nur von reisenden Indern genutzt werden. Ebenso zog ich es vor, mit Bussen statt Privatautos zu fahren und nichts mitzunehmen als die Kleider, die ich am Leibe trug. Am Anfang waren alle begeistert. »Ja,« sagten sie, »was für ein tolles Abenteuer!« Obwohl viele von ihnen in den Ghettos der Vereinigten Staaten aufgewachsen waren und die Straßen von New York und Detroit überlebt hatten, waren sie nicht auf die Straßen Indiens vorbereitet. Es war ein großer Schock für sie, als wir zum ersten Mal in ein Hotelzimmer kamen, in dem wir einige Tage bleiben sollten. Alle schauten sich ungläubig um. Einige, insbesondere Frauen mit Kindern, überkam Panik. »Oh nein, womit habe ich das verdient! Werden wir hier jemals wieder lebend herauskommen?« Dabei hatte ich nicht einmal beabsichtigt, die Lage besonders unbequem und schwierig für alle zu gestalten. Das Reisen selbst brachte es mit sich, daher ist Reisen sehr nützlich für die Art und Weise, wie ich arbeite.

Diese Art von lehrender Arbeit zielt nicht darauf ab, den Menschen zu sagen, was sie nicht wissen, sondern eher, ihnen die Dissonanz ihrer gegenwärtigen Handlungen zu verdeutlichen. Die Arbeit kann eine Offenbarung sein. Sie liefert ausreichend Stoff zur Selbstbeobachtung für jahrelange vorbereitende spirituelle Arbeit. Ein Lehrer und das Umfeld einer spirituellen Schule tun nichts anderes, als dir deine üblichen Ego-Strategien – all die verschiedenen Arten, deine klare Selbsterkenntnis zu umgehen und zu vermeiden – vor Augen zu führen.

Als ich zum ersten Mal in Deutschland war, saß ich mit einer Gruppe von Therapeuten zusammen. Ich machte absichtlich eine ziemlich bissige Bemerkung über Nazis, mit einem grausamen, höhnischen Lächeln auf den Lippen und einem kalten, verurteilenden Tonfall. Die Luft gefror. Sofort verfielen alle im Raum in eine Art Schockzustand, und nach einer Weile fingen tatsächlich einige an zu weinen, andere wurden ganz nervös. »Moment mal,« sagte eine Frau »hör bitte auf damit!« Also hörte ich auf damit. »Nicht etwa, dass wir nicht hören wollen, was du zu sagen hast, es ist nur so, dass wir nicht gewohnt sind, dass jemand auf diese Weise mit uns spricht. Da musst du uns verstehen.«

Meine Antwort war: »Das ist genau der Punkt, warum ich diese Bemerkung gemacht habe. Eine kulturelle Dynamik, wie sie in deinem entschuldigenden Verhalten deutlich wird, ist das Produkt einer bestimmten Ego-Struktur. Sie kann nicht einfach entschuldigt werden, indem man sagt: ›Nun, so sind wir eben... habt Geduld mit uns.‹«

»Habt ihr manchmal den Wunsch, ein anderer Mensch zu sein?« fragte ich sie. Zustimmendes Kopfnicken. Mittlerweile hatten sich alle wieder etwas beruhigt, und ich wechselte meine Tonart. »Wenn wir ständig vor Dingen, die zu unbequem oder eine Nummer zu groß sind, wegrennen, werden wir niemals die innere Wandlung vollziehen, nach der wir streben. Wir verschieben so nur die Probleme. Ihr werdet immer Deutsche bleiben. Ich werde immer ein Amerikaner sein, die Franzosen werden immer Franzosen sein und die Russen immer Russen. Gerade die kulturellen Unterschiede – Sprache, Kunst, verschiedene Stimmungen – machen das Leben ja interessant. Aber die neurotische Veranlagung jeder einzelnen Kultur ist – ebenso wie die neurotische Veranlagung eines Einzelnen innerhalb der Kultur – absolut unvereinbar mit der Arbeit an der inneren Wandlung.« Das Eis war gebrochen, und das Gespräch konnte weitergehen.

Einer meiner Lieblingssätze ist: »Der größte Prüfstein ist die Zeit«. Viele Schüler stellen sich vor, dass der Lehrer sie auf die Probe stellt, ob sie gute und würdige Schüler seien. Das ist jedoch gar nicht notwendig, denn die menschliche Psyche ist so ungeduldig und wankelmütig, dass die Zeit selbst eine der größten Prüfungen ist, gründlicher als ein Lehrer oder spiritueller Meister es je sein könnte. Wenn die Neigung eines Menschen, sich ablenken zu lassen und ständig nach schneller Befriedigung zu suchen, größer ist als sein Bedürfnis nach der Lehre oder nach dieser Arbeit, dann schließt er sich selbst aus, ohne dass ich irgend etwas dazu tun muss. Er wird frustriert und entwickelt Zweifel, ob der Meister ihm überhaupt etwas geben kann.

Ich möchte euch eine erstaunliche Geschichte aus dem Buddhismus über einen Lehrer namens Marpa und seinen Schüler Milarepa erzählen, der schließlich selbst ein Meister wurde. Am Anfang war Milarepa ein mächtiger finsterer Magier, nur auf Macht erpicht. Er suchte nach Menschen, die ihm eine entsprechende Lehre vermitteln konnten, und wenn ihm jemand verweigerte, was er wollte, nutzte er seine Macht, um ihn zu zerstören, zu töten, krank zu machen oder sein Geld wegzunehmen.

Eines Tages, als er auf dem Lande war, um seine magischen Künste auszuüben, starb seine Mutter. Als er davon hörte, verfiel er in tiefe Trauer, weil er seine Mutter sehr geliebt hatte und keine weiteren Angehörigen besaß. In seinem Schmerz erkannte er, dass seine Magie und alles, was er gelernt hatte, wertlos waren. Nichts konnte die Trauer, die er empfand, lindern. In diesem Augenblick kam Milarepa zu der Erkenntnis, dass er eine andere Lehre finden musste.

Nun begann eine sehr lange und beschwerliche Reise, auf der Milarepa jeden, den er traf, nach einer Empfehlung für einen guten Lehrer fragte. Viele schlugen vor, dass er einen Mann namens Marpa finden sollte, der in Tibet lebte. So reiste Milarepa nach Tibet und fragte Marpa, ob er sein Schüler werden könne. Marpas Antwort war: »Nun, ich bin nicht sicher, ob du mein Schüler werden kannst oder nicht, aber ich brauche jemanden, der mir ein Haus baut, und vielleicht könntest du das für mich übernehmen. Ich werde dich beobachten und feststellen, ob du geeignet bist.«

Milarepa machte sich an die Arbeit, das Haus zu bauen, mit bloßen Händen und aus großen Steinen, und schon bald war er erschöpft. Als Marpa das merkte, schickte er seine Frau mit ein wenig Reisbrei und etwas Wasser hinaus. »Ich bin ein sehr armer Mann,« sagte Marpa. »Ich habe nicht viel, was ich dir anbieten kann, aber das hier sollte genug sein, um deinen Magen zu füllen.« Es sättigte ihn kaum, und schnell verlor Milarepa an Gewicht und wurde sehr schwach. Aber er arbeitete weiter.

Als das Haus schon fast fertig war, erschien Marpa, um es zu inspizieren, und war offensichtlich sehr verärgert. »Oh, ich habe einen furchtbaren Fehler gemacht,« sagte er dem erschöpften Milarepa. »Ich habe dich das Haus an der falschen Stelle errichten lassen. Bitte baue es wieder ab, schaff die Steine auf die andere Seite des Grundstücks und baue das Haus dort.«

Um die lange Geschichte kurz zu machen, dasselbe passierte immer wieder, fünfzehn Jahre lang. Immer wieder sagte Marpa zu Milarepa Dinge wie: »Oh, ich muss betrunken gewesen sein, als ich dich bat, das Haus hierhin zu bauen.« Er ließ sich alle möglichen Entschuldigungen einfallen und bat Milarepa wiederholt, das Haus abzureißen und an anderer Stelle, in einem anderen Stil oder mit irgendwelchen Veränderungen wieder aufzubauen.

Milarepa wurde so schwach, dass seine Knochen brüchig wurden, und manchmal war er so wütend, dass er die Steine fallen ließ und am liebsten gegangen wäre mit den Worten: »Ich kann nicht mehr. Ich habe genug getan. Worauf wartet der Lehrer noch?« Immer dann weinte Marpa aufrichtig über den Schmerz, den sein Schüler ertrug, aber noch mehr, weil er wusste, dass der Lernprozess nicht vorzeitig abgebrochen werden konnte.

Marpas Frau (dem Himmel sei Dank für die »sonderbaren« Wege der Frauen) war von Milarepas Hingabe so beeindruckt, dass sie mitten in der Nacht, wenn der Meister schlief, das Haus verließ, um ihm etwas zu Essen zu bringen. »Mach weiter!« ermutigte sie ihn. »Es ist bald vorbei. Bleib einfach dabei. Ich weiß, er steht kurz davor, dir die Lehre zu geben. Gib jetzt nicht auf!« Und so blieb Milarepa.

Nach fünfzehn Jahren übergab Marpa Milarepa die Lehre, eine bestimmte Form der Meditation. Anschließend schickte er ihn in eine Höhle in die Berge, um ein paar Jahre zu meditieren, was Milarepa auch tat. Er meditierte, wie sein Lehrer ihm geheißen hatte, und ernährte sich, weil es dort oben nichts anderes zu essen gab, ausschließlich von Brennnesseln, bis am Ende sogar seine Haut grün wurde.

Endlich erntete Milarepa die Früchte seiner Meditation, und Marpa bestätigte dies, indem er sagte: »Du brauchst mich nicht mehr. Geh, lehre und teile dich mit.« Und so tat er.

Vor Jahren sprach ich mit einem tibetischen Lama namens Geshe Wangyal. Er war ein sehr alter, weiser und höchst respektabler Mann, der mittlerweile verstorben ist. Ich hatte erst seit einigen Monaten angefangen zu lehren, während er bereits auf eine Erfahrung von dreißig Jahren als spiritueller Lehrer zurückschauen konnte. Deshalb wollte ich wissen, wie sich meine Arbeit mit Schülern entwickeln würde. Ich fragte ihn: »Hast du irgendwelche Schüler, die so sind wie Milarepa?« Er fing daraufhin an, hysterisch zu lachen und anschließend zu husten. Ich war mir sicher, dass seine Schüler Angst hatten, dass er einen Herzanfall bekommen könnte. Er lachte und hustete noch eine Weile, wischte sich dann eine Träne vom Auge, wurde ganz ernst und sagte: »Wir haben 1975. Heutzutage gibt es keine Milarepas mehr.«

Es ist nicht unser Verschulden, dass wir ausgerechnet zu diesem Zeitpunkt der Geschichte und an diesem Ort erscheinen. Wir können nichts dafür, dass wir zur Ungeduld erzogen wurden und auf sofortige Erfüllung unserer Wünsche aus sind. Es ist nicht unsere Schuld, dass wir im allgemeinen nicht bereit sind, für das, was wirklichen Wert hat, zu bezahlen, und statt dessen enorme Summen für Dinge aufbringen, die überhaupt keinen wirklichen Wert besitzen. Kürzlich gab es zum Beispiel nach dem Tod von Andy Warhol in New York eine Versteigerung seiner Keksdosensammlung. Sie hatte einen Schätzwert von etwa fünfzehntausend Dollar, aber wurde für über hunderttausend Dollar verkauft, nur weil es Andy Warhols Keksdosen waren.

Obwohl ich die Geschichte von Marpa und Milarepa außerordentlich schätze, unterscheiden sich meine Methoden durchaus von denen Marpas. Nicht weil ich der Auffassung wäre, dass sich niemand mehr besonders anstrengen solle, sondern weil wir heute – ich schließe mich da selbst nicht aus – nicht mehr bereit sind, dieser Arbeit den Stellenwert zu geben, den sie wirklich hat. Die menschliche Psyche ist mittlerweile so verdreht, dass sich zum Beispiel ein Kinobesucher, der in einen Film mit Sylvester Stallone geht, hinterher gut fühlt, weil er sich in seiner Phantasie mit dem Helden identifiziert und dessen Rolle durchlebt. Er glaubt tatsächlich, er könne sein Leben bewältigen, nur weil er sich auf eine bestimmte Art psychisch bestärkt fühlt. Schließlich wird er selbst ein Rambo.

Marpa gab Milarepa fünfzehn Jahre lang Übungen auf. Ich überlasse es der Zeit, diejenigen auszusondern, die zu ungeduldig sind und nicht bereit, sich für die Lehre wenigstens mit einem Minimum an Zeit und Energie einzusetzen.

Vielleicht hast du mittlerweile bemerkt, dass ich es darauf anlege, dich durcheinanderzubringen. Wenn du jetzt das Buch beiseite legst, deiner Wege gehst und glücklich und zufrieden bist, werde ich das Gefühl haben, etwas falsch gemacht zu haben. Aber natürlich gibt es einen Unterschied zwischen glücklich und zufrieden. Ich möchte, dass ihr zufrieden seid, wenn ihr geht, aber das heißt nicht unbedingt, dass ihr auch glücklich seid. Tatsächlich kannst du, wenn du wirklich verstanden hast, wovon ich spreche, zufrieden, aber sehr unglücklich sein. Die Arbeit, die ich repräsentiere, gibt dir nicht die Möglichkeit, alles zu tun, was du möchtest. Sie wird schließlich sogar deine Möglichkeiten begrenzen, statt sie zu erweitern.

II

WORIN BESTEHT DIE

ARBEIT?

Wenn Menschen beginnen, sich mit ihrer eigenen Entwicklung auseinanderzusetzen, meinen sie häufig, sie würden dadurch in ihrem Leben mehr Wahlmöglichkeiten bekommen. In Wirklichkeit hast du überhaupt keine Wahl. Entweder du bist ausschließlich von der Dynamik des eigenen Ego getrieben, wobei es nicht »du« selbst bist, der die Wahl hat, sondern deine Programmierungen, oder du wirst vom göttlichen Willen geleitet, wobei ebenfalls nicht du selbst deine Entscheidungen fällst.

Trotzdem glaubst du wahrscheinlich immer noch, du könntest dein Leben aufgrund deiner Entscheidungen selbst bestimmen, zum Beispiel mit wem du eine Beziehung eingehen willst. Du hast die freie Wahl des Berufs, kannst im Restaurant bestellen, was du willst, kannst entscheiden, welche Gerüche du magst und welche dich abstoßen und vieles mehr. Psychologisch ist jedoch längst bewiesen, dass jede Entscheidung, die du jemals getroffen hast, auf unbewussten Faktoren beruht, die dich ebenso wirksam kontrollieren wie die Schwerkraft, wenn du aus einem

Flugzeug springst, ohne vorher einen Fallschirm umge-
schnallt zu haben.

Vielleicht glaubst du ja, das Leben, das du gegenwärtig
führst, sei bereits sehr individuell, weil du nach Belieben
stöhnen, ja sogar schreien kannst, wenn du mit jemandem
Sex hast, oder herzhaft seufzen, wenn du ein Bild von
Michelangelo betrachtest. In Wirklichkeit sind jedoch auch
solche Regungen vollkommen mechanisch. Nur weil du
feuchte Augen bekommst, wenn du Bach, Chopin oder
Mozart hörst, heißt das noch lange nicht, dass du ein Kunst-
kenner bist. Der Verstand kann Gefühle so perfekt nachahmen, dass du schwören könntest, was du erlebst, sei emotional, während es in Wirklichkeit nur eine intellektuelle Simu-
lation ist.

Die Arbeit, für die ich stehe, bietet die Möglichkeit, das
Leben in Beziehung zum göttlichen Willen zu setzen, zu
der universellen Energie, die sich immer in vollkommener
Übereinstimmung mit den treibenden Kräften oder der
Evolution der gesamten Schöpfung befindet, statt von den
Mechanismen des Ego gesteuert zu sein. Diese Arbeit
macht eine Revolution deines gesamten Denkens erforderlich. Nur jemand, dessen bewusste Existenz nicht mehr
gänzlich vom Intellekt gesteuert wird, kann wagen, sich auf
das einzulassen, was die Buddhisten das »Gelübde des Bodhisattva« nennen – das Versprechen, alle bewussten Lebewesen zu erlösen, bevor man sich selbst erlöst. (Nebenbei
gesagt, kenne ich eine Menge Männer, die gern alle Frauen
der Welt erlösen würden, was mich an eine Karikatur aus
einer amerikanischen Zeitschrift erinnert, die ich neulich
gesehen habe: Zwei Frauen sprechen miteinander, die eine
sagt zur anderen: »Weißt du was? Je mehr ich die Männer
kennenlerne, desto mehr mag ich meinen Hund.« Während

also viele Männer gern alle Frauen erlösen möchten, wollen viele Frauen einfach nur einen guten Hund.) Nachdem du eine Vorstellung von meiner Art Humor bekommen hast, wollen wir uns nun ernsteren Dingen zuwenden.

Das erste Problem mit dem Bodhisattva-Gelübde ist, dass wir von Grund auf egoistisch sind. Möglicherweise wären wir ja bereit, einige Lebewesen zu retten – vorausgesetzt, es würde sich für uns lohnen. Aber die gesamte Menschheit? So interessiert sind wir nun auch wieder nicht. Das zweite Problem ist, dass das einzige, was uns *wirklich* dazu bringen könnte, andere Wesen zu retten, wäre, wenn wir ihren Schmerz fühlen würden, und für die meisten Menschen ist das eine vollkommen abwegige Vorstellung. Haben wir denn nicht schon genug Schmerzen? Wir haben unsere Partner, unsere Kinder, unsere sterbenden Eltern, überall müssen wir uns mit emotional verkrüppelten Menschen herumplagen, ob wir nun professionelle Therapeuten sind oder nicht. Allein schon durch unsere Beziehungen ist unser Leben voller Leiden. Ein weiterer Quell des Schmerzes ist unser physischer Körper. Immer wieder werden wir krank, schwach und müde. Dann gibt es noch die Art von Leiden, die uns ergreift, wenn wir uns nicht mehr konzentrieren können, und die persönliche Enttäuschung, die wir spüren, wenn wir merken, dass der Rest der Welt nicht bereit ist, so zu leben, wie wir es gerne hätten. All dies ist ständiges, ernsthaftes Leiden.

Nun auch noch das Leiden anderer Menschen auf uns zu nehmen, es tatsächlich zu fühlen, ist für die meisten Menschen ein unannehmbarer Gedanke, besonders wenn man bedenkt, dass die anderen wahrscheinlich ein weitaus weniger friedliches und gesundes Leben führen als du dies gegenwärtig tust. Gewöhnlich würde man dies niemals von jemandem, der im Vollbesitz seiner geistigen Kräfte ist, verlangen. Schon ganz zu Beginn der spirituellen Arbeit ist daher ein vollständiges Umdenken vonnöten.

Du musst verstehen, dass du dich, wenn du der spirituellen Arbeit den Rücken zukehrst, von der gesamten Menschheit, vom Leben selbst, abwendest. Die meisten Menschen haben sich jedoch schon längst vom Leben abgekehrt, sie wissen es nur noch nicht. Wenn du das in seiner ganzen Tragweite erkannt hast, kann dies nicht ohne Folgen bleiben. Man stelle sich vor: Unser gesamtes Leben, unsere Leidenschaften, unsere Vorlieben, unsere Inspirationen, unsere Ideale, sind alle vollkommen automatisch. Einige Menschen entschließen sich automatisch, sich regelmäßig zu streiten, andere, ständig einigermaßen gut miteinander auszukommen. Automatisch ist es allemal. Wenn du das herausfindest, heißt das nicht unbedingt, dass du deine Frau oder deinen Mann anschaust und sagst: »O mein Gott, da habe ich mir wohl die Falsche (den Falschen) ausgesucht.« Oder dass du deinen Hund anschaust und sagst: »O mein Gott, nur kein Schäferhund! Wie konnte ich mir nur einen Schäferhund zulegen!« Nein. Die Automatismen deines Handelns zu erkennen gibt dir die Chance, sie zu durchbrechen. Wenigstens deine Beziehungen zu den Menschen in deiner Umgebung sollten die Möglichkeit bieten, wahrhaftig und authentisch zu sein, statt nur mechanisch.

Die spirituelle Arbeit sollte nicht auf die leichte Schulter genommen werden. Ich werde diese Warnung wahrscheinlich noch öfter aussprechen. Du magst denken, eine solche Warnung sei nur meine Masche, und ich würde vielleicht damit eine bestimmte psychologische Methode auf dich anwenden. Aber ich meine es wirklich ernst. Sobald du bis zu einer bestimmten Tiefe in diese Arbeit vorgedrungen bist, wird es dir unmöglich sein, dich abzuwenden und dem Leben den Rücken zuzukehren. Und solltest du dich zu diesem Zeitpunkt vor ihr abwenden, wird dich dies innerlich zerstören. Sei also gewarnt.

Eines der Ziele dieser Arbeit ist die Wandlung des Menschen von einem Wesen, das auf vielen Ebenen Gewalt ausübt, zu einem, das nicht mehr in der Lage ist, dem Leben irgend etwas Schlechtes anzutun. Diese Wandlung ist nicht leicht zu vollziehen. Bei meiner Arbeit mit Menschen in den vergangenen achtzehn Jahren habe ich gemerkt, dass die meisten furchtbar erschreckt wären, wenn sie merken würden, wie leicht sie provoziert werden können, sobald man das richtige Knöpfchen drückt. Viele Männer meinen zum Beispiel, dass sie völlig unfähig zur Gewalt seien, besonders Frauen gegenüber. Schon bei dem Gedanken daran wird ihnen schlecht. Wenn du jedoch denselben Mann in die »richtige« Umgebung stellst, mit der »falschen« Frau lange genug zusammenbringst, wird er höchstwahrscheinlich herausfinden, dass er irgendwo tief in seinem Inneren eine extrem gewalttätige Person ist.

Solange wir mechanisch funktionieren, gewalttätig, von unserer psychologischen Dynamik gesteuert, können wir uns nicht in den Dienst von etwas Höherem stellen. Hierum geht es jedoch bei der spirituellen Arbeit. Selbst wenn du in einem Krankenhaus arbeitest und ständig mit dem Dienst am Menschen beschäftigt bist, ist es buchstäblich unmöglich, etwas Höherem zu dienen, wenn du aus einem Bewusstseinszustand heraus funktionierst, der durch automatisches Handeln eingeschränkt ist. Keine wirkliche Arbeit kann beginnen, bevor du nicht frei von automatischem Handeln bist. Erleuchtung ist alles andere als der Endpunkt. Sie ist nur der Anfang. Ohne persönliche Wandlung ist es nicht möglich, jemandem zu dienen, weil man einfach zu egoistisch ist.

Die meisten Menschen können leicht zugeben, dass sie die erfüllendsten Erlebnisse im Leben immer dann hatten, wenn sie sich ihrer selbst als getrennte oder isolierte Wesen nicht bewusst waren. Du gehst zum Beispiel durch einen Park, beobachtest ein paar Kinder beim Spiel und vergisst dich selbst, indem du nur die Freiheit und Unschuld dieser Kinder siehst. Erst wenn du wieder an dich selbst denkst, wirst du merken, wie ekstatisch und voller Freude du warst, als du die Kinder beobachtetest. Seltsamerweise verteidigen wir jedoch ständig unsere Unabhängigkeit und Isoliertheit, obwohl wir vom Verstand her wissen, wie viel Schmerz damit verbunden ist – und wie viel Ekstase, wenn wir uns außerhalb der Subjekt-Objekt-Beziehung befinden und einen Moment lang ohne strenge Selbstdefinition existieren können.

Diese Arbeit bedeutet, all das, was du als Teil deines Selbst definierst, dem zu unterstellen, was wir als Gott definieren, dem aber eigentlich keine Definition oder Grenze gegeben werden kann. Es ist unmöglich, dies analytisch zu erklären.

Es stellt sich nun die Frage: Wie kannst du wissen, dass du dich Gott unterstellst und nicht irgendeinem gigantischen Ego? Ich glaube, dass jeder von euch es merkt, wenn die unverhüllte Wahrheit ihn trifft – aber nur wenige bereit sind, darauf zu reagieren oder die Verantwortung dafür zu übernehmen, weil es einfach zu schwierig ist. Jeder Mensch weiß instinktiv, wann sein Leben vollkommen an der universalen Energie ausgerichtet ist. Aber die meisten sind sehr gut in der Lage, ihre dissonanten Gefühle zu verdrängen. Es kann vollkommen niederschmetternd und herzzerreißend sein, der Ausrichtung gemäß zu handeln. Außerdem kann es uns in eine Lage bringen, in der wir wirklich und wahrhaftig allein sind. Durch unsere Weigerung, unsere Ausrichtung anzuerkennen, leugnen wir die Wahrheit und verfluchen Gott.

Nach einer gewissen Zeit wird diese Weigerung zu einer Angewohnheit, und wir wissen überhaupt nicht mehr, dass wir uns weigern. Dabei sträuben wir uns nicht nur, die Wahrheit zu erkennen, sondern tun auch noch so, als wäre alles in Ordnung und wir lägen vollkommen richtig. Wir können uns allmählich nicht mehr auf unsere Gefühle verlassen. Nehmen wir an, jemand begegnet dir auf der Straße und sagt: »Das ist das hässlichste Hemd, das ich jemals gesehen habe. Wo hast du denn das gekauft?« Die meisten Menschen, besonders Männer, würden wahrscheinlich glauben, sie würden etwas fühlen: Ärger, Beleidigung, Feindseligkeit, was auch immer. Sehr wahrscheinlich wirst du deine oberflächliche »emotionale« Reaktion benutzen, um die Stumpfheit deiner Wahrnehmung zu verdecken. Ich bin davon überzeugt, dass wir uns geradezu dazu erziehen, heftig auf gewisse Dinge zu reagieren, um die Tatsache zu verbergen, dass wir in Wirklichkeit überhaupt keine Reaktionen haben. In Wirklichkeit sind wir gleichgültig.

Machen wir uns nichts vor. Wir sind abgestumpft, rücksichtslos und egoistisch. Wenn Menschen mit spiritueller Arbeit beginnen, haben sie möglicherweise noch die höchsten Ideale. Sie wollen »Gott dienen«, der »Menschheit helfen«, ein »Bodhisattva sein und das Leiden auslöschen«. Letztlich läuft jedoch alles darauf hinaus, dass wir leiden und es nicht wollen. Ob wir es wahrhaben wollen oder nicht, wir beginnen diese Arbeit um unserer selbst willen, um unser eigenes Leiden zu lindern. Aber das Gute daran ist, dass wir, wenn wir lange genug dabeibleiben und durch genügend Krisen gehen, die uns innerlich verwandeln, im Endeffekt möglicherweise tatsächlich Gott dienen.

Glaubst du mir das? Du solltest es lieber nicht. Ich habe gemerkt, dass es für mich viel zu schwierig ist, immer mit Menschen zu tun zu haben, die sich lediglich aus einer Position des Glaubens auf mich beziehen. Du solltest dich vielmehr auf dein eigenes intuitives Gefühl verlassen, was an dem, was ich sage, richtig und was falsch ist. Um mit der spirituellen Arbeit zu beginnen, ist eine bestimmte Art instinktiver Wahrnehmung nötig.

Ich bin der Überzeugung, dass alle Menschen diese Arbeit körperlich tun können, aber ihr Verstand es nicht zulässt. Die meisten Menschen verfügen nicht über die nötigen psychologischen Voraussetzungen. Oft braucht es nicht viel mehr als die Hartnäckigkeit, dich immer wieder an deinen ersten »Hit« zu erinnern, den du irgendwann bekommen hast – etwa, als du zum ersten Mal mit der Lehre konfrontiert wurdest – allen Zweifeln, Irrungen und Konflikten, die zwangsläufig während der Arbeit irgendwann auftreten werden, zum Trotz. Wenn du die Arbeit, die hier geboten wird, würdigen kannst und dich allmählich daran beteiligst, wird eine buchstäblich physische zelluläre Wandlung stattfinden. Aber vergiss nicht: Wenn eine Raupe zu einem Schmetterling wird, ist die Verwandlung zwar natürlich, völlig normal und trotzdem voller Schönheit, aber sie geht niemals ohne Schmerzen ab. Selbst eine Krisis, der kritische Wendepunkt im Verlauf einer Krankheit, der letztlich zur Gesundheit führt, ist in gewisser Hinsicht traumatisch.

»Trauma«, wie ich diesen Begriff hier verwende, beschreibt eine gewisse energetische Dynamik und hat keinen negativen Beigeschmack. Vor Jahren unterzog ich mich einer Physiotherapie namens »Rolfing«, einer Art Tiefenmassage, die sehr schmerzhaft sein kann. Immer wenn ich einen Termin hatte, wurde im Nachbarzimmer ein Mann behandelt, der zur selben Zeit in die Praxis bestellt worden war. Jede Woche kam ich zur Behandlung, legte mich auf meine Pritsche und konnte darauf wetten, dass der Mann nebenan anfing zu schreien und zu stöhnen. Es war unglaublich laut. Mein Rolfer sagte, das sei die »Hymne der Rolfer«. Der Prozess war durchaus schmerzhaft, aber das Ergebnis des ganzen Geschreis war eine gewisse Befreiung der Person, die sich der Therapie unterzog. Ebenso verhält es sich in der spirituellen Arbeit. Ich werde niemandem eine Arbeit versprechen, die frei von Krisen und gelegentlichen ernsten Schwierigkeiten ist. Es spielt keine Rolle, für welchen Pfad du dich entscheidest. Wenn du dich in Gegenwart eines wirklichen Lehrers befindest, wird er nicht nur einige Fallstricke parat haben, sondern es werden auch einige ernsthafte Hürden auf deinem Wege liegen. Auf der anderen Seite ist es die einzige Arbeit auf dieser Welt, die ihren Aufwand lohnt.

Diese Arbeit bedeutet nicht, aus Menschen eine Art leidenschaftsloser, namenloser, gesichtsloser Roboter zu machen, die immer in denselben Kleidern herumlaufen und immer dasselbe denken. Die Arbeit, die ich repräsentiere, strebt an, die Menschen um jeden Preis – durch Verführung, Drohung, Tricks, es spielt keine Rolle, welche Methoden ich einsetze – dazu zu bringen, jene einzigartigen Individuen zu sein, die sie *sind*, aus einer Position der Klarheit und Freiheit heraus, statt aus neurotischer Schwäche. Der Übergang dahin ist jedoch nicht leicht. Es wird Augenblicke geben, die extrem unangenehm sind, und ich mag sie keineswegs lieber als du. Wenn man alle Möglichkeiten im Leben voll ausschöpfen will, wird man den Preis zahlen, so ist es nun einmal.

In München fragte jemand, ob es notwendig sei, »die Welt aufzugeben«, wenn man spirituell arbeiten wolle. Meine Antwort war nein. Du musst weder deine kostbaren Besitztümer noch deine persönliche Eitelkeit aufgeben. Was du aufgeben musst, ist deine gegenwärtige Beziehung zu diesen Dingen. Schau dir zum Beispiel die meisten christlichen Heiligen an, wie etwa Franz von Assisi und Theresia von Lisieux. Heutzutage würde man sie zweifellos für völlig psychotisch halten. Dennoch haben ihre offensichtlich krankhaften Störungen sie nicht davon abhalten können, eine sehr tiefgreifende Beziehung zu Gott zu entwickeln.

Eine der Schwierigkeiten, eine Wandlung wirklich zuzulassen, besteht darin, dass sich die Elemente des persönlichen Lebens nicht unbedingt gleichzeitig ändern. Jemand, der die Erfahrung einer Wandlung im Leben macht, muss nicht auch gleich vom Erdboden abheben, durch Wände gehen oder eine Gewehrkugel mit bloßen Händen stoppen können. Vor Jahren bildete unsere Gemeinschaft in Arizona ein Softball-Team (Softball ist eine »sanftere« Variante von Baseball), und wir wurden in der alleruntersten Liga, der Gruppe mit den schlechtesten Spielern, eingestuft. Das Team wurde von »Mr. Wandlung« höchstpersönlich angeführt, nämlich von mir! In den drei Jahren, in denen wir dieses Spiel mitspielten, stellten wir einen absoluten Rekord auf: Wir gewannen kein einziges Spiel. Das Interessante daran war jedoch, dass sich in der Stadt ein richtiger Fan-Klub bildete, der unsere Einstellung dem Verlieren gegenüber bewunderte. Es machte den Leuten so viel Spaß, uns zu beobachten, dass sie immer kamen, wenn wir spielten. Wir verloren mit so unglaublichen Ergebnissen wie 35:2 und lachten trotzdem, klopften einander auf die Schulter und sagten: »Junge, Junge, schon wieder zehnmal geworfen und kein einziges Mal getroffen, ha, ha.«

Die Transformation machte aus uns in diesem Fall keine besseren Softball-Spieler. Sie verlieh uns lediglich eine gewisse Fähigkeit, auf völlig unerwartete Weise zu reagieren, wenn man es uns wieder einmal so richtig gezeigt hatte.

Wandlung geschieht durch Handlung, in Aktion. Sie ist kein passiver Zustand wie Samadhi oder Satori, die allein noch keine Veränderung bewirken. Eine Wandlung findet nur statt, wenn du aufgrund der Inspiration durch Samadhi und Satori, die Zustände der Seligkeit und Non-Dualität, eine Arbeit in Angriff nimmst oder ein neues Leben beginnst. Der Dienst an Gott findet inmitten dessen statt, was du als Mensch bist und wirst, inmitten deiner Bemühungen, deiner Neurosen, deiner Ängste, deiner Freuden, deiner Leidenschaften, nicht indem du deine Menschlichkeit leugnest und im Abseits bleibst.

In vielen Traditionen ist die Rede vom »Sterben, bevor du stirbst«. Der heilige Paul von Tarsus erwähnt dies ebenso, wie die Sufi-Tradition überlegt, auf welche Weise man bereits im Leben den Tod durchlaufen könne. Dies bezieht sich unter anderem auf die Fähigkeit, anders zu sein als ein gewöhnlicher Mensch, während man sich noch in einer gewöhnlich menschlichen Gestalt befindet, nicht etwa auf den Wunsch, sich zu verkriechen, um unangenehme Reize zu vermeiden. Der Prozess der Wandlung, den wir in dieser Arbeit anwenden, verwandelt uns aus rein biologisch-chemischen Maschinen in alchemistische Laboratorien. Zum Beispiel werden wir, anstatt nur unbrauchbare Materie in Scheiße verwandeln zu können – was der Körper ohnehin schon kann –, in die Lage versetzt, eine Substanz in eine andere Substanz auf völlig anderer Ebene zu verwandeln. Nisargadatta Maharaj, ein indischer Heiliger, sagte dazu: »Die Psychotherapie kann aus einem schlechten ein gutes Ego machen, aber sie kann niemals etwas an seiner Struktur selbst verändern.« Dazu wäre eine Art Alchemie nötig. Die alten ebenso wie die zeitgenössischen Alchemisten gebrauchten die Metapher der Verwandlung von Eisen in Gold, um diesen Prozess zu umschreiben.

Wenn jemand meditiert, beeinflussen die feinstofflichen Wirkungen dieser Meditation buchstäblich die Atmosphäre der gesamten Erde. Das ist eine Form der Alchemie, die sehr bedeutende Auswirkungen haben kann. Bach, Mozart und Chopin haben sich wahrscheinlich nicht hingesetzt und meditiert, um ihre Musik zu empfangen. Ihre Kunst ist jedoch von derselben Ebene gekommen, auf die Menschen gelangen, wenn sie meditieren. Es ist eine große Kraft in den Bach'schen Messen, in den Skulpturen Rodins und in den Gemälden El Grecos – aber eine noch viel größere Kraft steckt in den Künstlern selbst. Ein Mensch, der sich auf eine bestimmte Art und Weise entwickelt, ein alchemistisch verwandelter Mensch, wird selbst zum lebenden Kunstwerk. Diese lebendige Schöpfung – wie Ramana Maharshi, der Karmapa oder Suzuki Roshi, bevor sie starben – kommuniziert wirkungsvoll auf einer Ebene, die weit über die relative Ebene der Erde hinausgeht. Mit »weit darüber hinaus« meine ich nicht Lichtjahre entfernt, sondern im Sinne einer inter-räumlichen oder inter-dimensionalen Kommunikation. Die Alchemie des Bewusstseins, die wir »Wandlung« nennen, wechselt den Kontext von »Selbst« zu »Nicht-Selbst«. Das bedeutet jedoch nicht »keine Existenz« oder »Mangel an Bewusstsein«. Es heißt, als integrales Element in seiner Umgebung zu leben, statt als Element, das der Umgebung ständig mit Auseinandersetzung und Trennung begegnet.

Die Schule und die Lehre, die ich repräsentiere, ist eine Lehre des Wandels – in dem Sinne, wie der Karmapa, Ramana Maharshi und Suzuki Roshi verwandelte Wesen waren. Dieser Prozess wird für jeden wirksam, der sich aufrichtig eine Zeitlang damit beschäftigt. Er verläuft nicht linear, nicht in vorhersehbaren, kalkulierbaren Phasen. Die Komplexität unserer psychologischen Verfassung und die Anzahl der Beziehungen aller Elemente unseres Wesens untereinander sind viel zu groß, um einen linearen Prozess zu erzeugen. Dennoch gibt es bestimmte Funktionen und Rahmenbedingungen, die ich empfehle, um sich auf eine Wandlung einzustellen. Meditation, Studium, körperliche Bewegung, vegetarische Ernährung, eine bestimmte Art, mit Beziehungen umzugehen – alle diese Dinge orientieren uns in der richtigen Richtung, aber sie bringen keine messbaren Ergebnisse hervor. Wir meditieren nicht, um etwas Bestimmtes zu erhalten, sondern um eine bestimmte Verletzlichkeit, Offenheit, Empfänglichkeit zu erreichen. Dasselbe gilt für alle anderen empfohlenen Rahmenbedingungen dieser Schule.

Ein diszipliniertes Leben steht nicht im Widerspruch zu einem Leben, das als Reaktion auf den göttlichen Willen in stetem Fluss ist. Im Gegenteil sind Disziplin und Struktur die Matrix, in der sich diese Spontaneität erst zeigen kann. Thomas Merton, einer der großen christlichen Mystiker des letzten Jahrhunderts, war ein Mitglied der Trappisten, eines katholischen Ordens, der einen extrem strengen asketischen Lebenswandel vorschreibt. Thomas Merton sagte, die Mönche seien im Kloster, um Gott zu preisen, und dass hinter Klostermauern Humor und Freude an der Gesellschaft des Nächsten herrschen können, selbst wenn die meiste Zeit schweigend verbracht wird.

Diese Arbeit dreht sich nicht so sehr darum, zu Gott zu gelangen, sondern darum, dem Willen Gottes zu erlauben, wirksam zu werden. Die Strategien des Ego, unsere Automatismen, unsere Perspektiven im Leben, unsere dualistische

Weltsicht, all dies sind wirksame Schutzschilde, die es nicht erlauben, dass der Wille Gottes unser Wesen bestimmt. Dennoch ist der Segen Gottes immer aktiv, immer präsent. Wir müssen ihn nicht verdienen, brauchen keine Leiter zu erklimmen, um ihn zu erringen. Wir brauchen nichts weiter als Raum zu schaffen, damit er erscheinen kann, und empfänglich zu werden für etwas, was bereits da ist, sich bewegt und funktioniert. Paradoxerweise ist die Tatsache, dass dies sehr lange, vielleicht ein Leben lang dauern kann, ein Teil der Lektion, die das Ego lernen muss, wenn es versucht, das zu erreichen, was es vermeintlich schon immer konnte.

Am Anfang meiner Arbeit waren die meisten Schüler Anfang zwanzig. Wenn jemand zur Schule stieß, der bereits doppelt so alt oder älter war, dann hatte er zwar in der Regel keine Schwierigkeiten, sofort einen Zugang zur Arbeit zu bekommen, aber er sagte dann häufig: »Mit dir habe ich kein Problem. Ich weiß, dass du etwas Wirkliches machst. Aber die Leute in dieser Gemeinschaft, sie sind so unreif. Sie können sich nicht benehmen. Ich kann nicht bleiben, wegen all dieser Leute … « Das Wesentliche war ihm dabei jedoch entgangen: Diese Arbeit macht es keineswegs erforderlich, dass wir alle schlechten Angewohnheiten, alle Neurosen und Unstimmigkeiten unserer Persönlichkeit aufgeben. Dies würde all unsere Energie in Anspruch nehmen, möglicherweise unser ganzes Leben dauern und nicht einmal etwas bewirken. Wenn wir uns jedoch dem göttlichen Willen allmählich immer weiter unterordnen, werden Dinge, die nicht notwendig sind, um seinem Willen zu dienen, irgendwann überhaupt nicht mehr auftreten. Das ist alles. An schlechten Angewohnheiten zu arbeiten ist gut und schön, aber wenn der Dienst an Gott mehr in den Vordergrund tritt, werden unsere schlechten Angewohnheiten ohne unser Zutun ganz von selbst verschwinden.

Wir werden geboren, wir wachsen heran, wir merken, dass wir mechanisch reagieren und gleichzeitig von einer Arbeit angezogen werden, die uns anregt, nicht mehr mechanisch zu funktionieren. Nach dem Zufallsprinzip geschieht es gelegentlich, dass wir trotz unserer Programmierung, automatisiert zu handeln, zu bestimmten Zeiten tatsächlich nicht-mechanisch funktionieren. Wenn das scheinbar Unmögliche geschieht, findet Schöpfung statt, und Gott wird von der Schöpfung angezogen. Tatsächlich bewegt sich die gesamte Evolution auf eine neue Schöpfung zu. Jedes Element der Schöpfung hat aus sich selbst heraus verschiedenartige Möglichkeiten für eine neue Schöpfung. Für den Menschen besteht ein ganzes Leben lang die Möglichkeit zur Schöpfung. Hierum geht es bei dieser Arbeit in der Praxis.

III

SPIRITUELLE

PRAXIS

Die Arbeit – die spirituelle Praxis – ist nicht leicht. Sie zu tun setzt einiges voraus, besonders im emotionalen Bereich. Du brauchst zwar nicht zum Märtyrer zu werden, aber es gibt Zeiten, in denen ein wenig Heldentum durchaus angebracht ist. Es ist daher naheliegend, deinen Körper in die Lage zu versetzen, diese Arbeit in allen Einzelheiten verrichten zu können. Die spirituelle Praxis – Ernährung, Meditation, Studium, Übungen, monogame Sexualität und andere empfohlene Bedingungen – erfüllt diesen Zweck.

Spirituelle Übungen sind keine Prozesse, die automatisch zur Erleuchtung führen. Erleuchtung steht überhaupt nicht zur Debatte. Die Übungen haben einzig und allein zum Inhalt, Gott zu dienen. Der Gebrauch verschiedener Übungen versetzt dich in die Lage, die spirituelle Arbeit zu verrichten, das heißt, Gott auf die leichtestmögliche Weise zu dienen.

Damit der Körper überhaupt in der Lage ist, die Erfahrung einer Wandlung zu verwirklichen, muss eine bestimmte organische Matrix, eine Art Form oder Behälter, hergestellt werden, welche die Erfahrung aufnehmen kann.

Das gilt sowohl für mystische Offenbarungen, für Visionen, als auch für die Trauer oder Reue, die von echtem Mitgefühl getragen ist. In gewissem Sinne ist der Körper nur eine große Verarbeitungsmaschinerie, in der in ununterbrochener Folge Dinge kommen und gehen. Manchmal laufen die Dinge jedoch nicht einfach nur durch, und etwas bleibt hängen. Kleine Kinder zum Beispiel haben ein völlig unverdorbenes Verdauungssystem. Ihr Körper nimmt aus den Dingen, die sie verdauen, nur das auf, was sie brauchen, der Rest wird einfach ausgeschieden. Wenn wir größer werden und immer mehr Dinge essen, die voller Unreinheiten und Gifte sind, verunreinigen wir unser Verdauungssystem gründlich. Wenn wir dann erst einmal erwachsen sind, ist es durchaus nicht ungewöhnlich, dass der Körper überhaupt nichts mehr richtig verdauen kann. Wir müssen Vitamine, Enzyme, Mineralien, Nährstoffe und andere Dinge zusätzlich zu uns nehmen, um dem Körper zu geben, was er der Nahrung nicht mehr entziehen kann.

Ebenso funktioniert es mit der geistigen Nahrung, die wir in Form der Wandlungserfahrung aufnehmen. Die meisten Erwachsenen haben sich bis zu einem Punkt entwickelt, an dem sie die natürliche Matrix des Körpers vollkommen verunreinigt haben. Sie können keine Wandlungserfahrungen mehr umsetzen, weil sie von ihren Ego-Strategien gesteuert und ausschließlich von ihren Wünschen und Begierden motiviert werden. Es ist nicht so sehr notwendig, eine Matrix aufzubauen, die sie nicht haben, sondern die Elemente auszuscheiden, welche die Matrix verunreinigt oder verschleiert haben. Das ist die Funktion der spirituellen Praxis.

Diese Praxis besteht in einer Art konstanter Aufmerksamkeit auf alle Unstimmigkeiten, auf alles, was uns daran hindert, Wandlung zuzulassen und umzusetzen. Sie wirkt von innen nach außen, und es gibt keine Möglichkeit, den Prozess zu beschleunigen. Du praktizierst einfach, und an einem bestimmten Punkt wird dein Körper weniger verschlossen sein und eine Wandlungserfahrung leichter verarbeiten können. Die Praxis verläuft nicht linear. Statt dessen wird sich allmählich Wandlung vollziehen und sichtbar werden, aber du kannst nicht genau festmachen, an welchem Punkt sie genau begonnen hat. Du kannst die Wandlung nicht einer bestimmten Meditation oder dem Studium bestimmter Dinge zuschreiben. Sie fängt einfach an und macht sich bemerkbar. Zum Beispiel liest du vielleicht gerade die Bibel oder irgendein Gedicht, und plötzlich öffnet sich etwas in dir, ganz weit, so, als seist du durch ein Tor geschoben worden, das vorher niemals da war. Nun verstehst du auf eine völlig neue Art. Das Gelesene ist nicht das einzige Element, das dich durch die Öffnung gestoßen hat. Es war lediglich der Katalysator, das letzte Stückchen in einem Puzzle, das zusammengesetzt wurde. Die Praxis ist wie das Muster und der Rahmen des Puzzles.

ERNÄHRUNG

Oft wenn ich über Ernährung spreche, meine ich damit nicht nur das Essen, sondern auch das Atmen sowie geistige und feinstoffliche Nahrung. Im Augenblick möchte ich mich jedoch auf das Essen beschränken. Wir empfehlen eine lacto-vegetarische Ernährungsweise und legen viel Wert auf rohe, frische Nahrungsmittel, statt vieler Nudeln, totgekochtem Gemüse und Aufläufen. Die besondere

Chemie roher, ungekochter Ernährung ist unserer Arbeit am zuträglichsten.

Wenn Tiere gezüchtet werden, nur um anschließend gegessen zu werden, wird die Brutalität und Gewalt, mit der das Tier behandelt wird, wenn es für den Verkauf vorbereitet wird, auf das Fleisch und damit auch auf die Menschen, die es verzehren, übertragen. Wildbret zum Beispiel ist ein ganz anderes Fleisch als das von Tieren, die in Gefangenschaft gehalten wurden. Wild- und Haustiere sind fast wie verschiedene Tierarten, selbst wenn sie derselben Spezies angehören und sich sehr ähnlich sehen. Die speziellen Schwingungen, die energetischen Einflüsse, denen das, was wir zu uns nehmen, ausgesetzt ist, spielen eine wichtige Rolle.

Es gibt Kulturen der nordamerikanischen Indianer, der Eskimos und anderer Völker, bei denen das Töten, Zubereiten und Verspeisen von Tieren, eine sakramentale Handlung ist. Ich bin nicht aus ethischen Gründen grundsätzlich gegen die Tötung von Tieren. Man braucht jedoch drei Pfund essbares Getreide, um ein Pfund Fleisch herzustellen, und das erscheint mir als große Verschwendung. Ich bin sehr für eine energiesparende Lebensweise und eine optimale Nutzung der Ressourcen, die uns zur Verfügung stehen. In rohen Nahrungsmitteln ist mehr Leben, und eine vegetarische Ernährungsweise ist weitaus effektiver als fast alle fleischlichen Ernährungsformen der westlichen Welt.

Wir Menschen müssen eine energiebewusstere Lebensweise finden. Das ist jedoch angesichts des Lebensstandards, den wir in der westlichen, industrialisierten Welt haben, sehr schwierig. Das erste Mal, als ich nach Indien reiste, bemerkte ich, dass alles, was dort schließlich im

Abfall landet, in jeglicher Hinsicht vollkommen unbrauchbar war. Eine Zeitung zum Beispiel wird, nachdem sie gelesen wurde, verwendet, um Nahrungsmittel zu verpacken, dann als Isoliermaterial und später, um die Bettler auf der Straße zuzudecken. Wenn eine Zeitung schließlich auf dem Müll landet, ist sie quasi zu Staub zerfallen.

Die Frauen, die mich auf meiner ersten Reise nach Indien begleiteten, konnten sich gar nicht darüber beruhigen, dass Inder niemals Toilettenpapier benutzen. Statt dessen gab es immer diesen kleinen rostigen Topf mit Wasser, mit dem man sich und seine Hand abwusch und dann trocknen ließ, wenn man weiterging. Ganz einfach. Für mich ist es nicht unwichtig, anzuregen, dass man mit Toilettenpapier lieber sparsam umgehen sollte.

Unsere vegetarische Ernährungsweise unterstützt den schonenden Umgang mit Energie, weil sie sich auf ungekochte Nahrungsmittel beschränkt, die den Körper mit mehr Nährstoffen und damit Lebensenergie versehen. Gleichzeitig ist bekannt, dass wir auf Reisen und zu besonderen Festtagen im Ashram außerordentliche Mengen von Zucker, Fleisch und zubereiteten Nahrungsmitteln verzehren. Zu Zeiten, wenn wir Fleisch essen, ernähren wir uns absichtlich schwer, entweder um etwas zu erden, was geerdet werden muss, oder aus anderen chemischen – alchemistischen – Gründen.

Manchmal, wenn ein Essen auf elegante und feine Art zubereitet wird, wird der Umgebung, in der sich die Menschen aufhalten, eine andere Art von Energie hinzugefügt, und es ist sehr nützlich, solches Essen zu sich zu nehmen. Wenn wir reisen, mache ich Gebrauch von sämtlichen Nahrungsmitteln, die in der Gegend, die wir besuchen, normalerweise verzehrt werden. Auch wenn wir »hässliche Amis«

sind, gelten wir vielleicht, wenn wir das essen, was die Einheimischen essen, als nicht ganz so hässlich.

Das erste Mal, als wir nach Deutschland kamen, fragte ich einen meiner Schüler aus Bayern, ob es eine besondere bayerische Spezialität gäbe, und unter anderem beschrieb er die Sitte, »Schweinshaxen« zu verspeisen. Als wir letztes Jahr zurückkamen, suchten wir uns zuerst ein nettes Lokal und bestellten »Schweinshaxen für alle«. Einige aus unserer Runde hatten seit Jahren kein einziges Stück Fleisch mehr gegessen, aber es bekam allen gut. Das ist sicherlich auch ein Zeichen dafür, dass die Kraft der Gesetzmäßigkeiten des göttlichen Einflusses bedeutender ist als die der Verdauung.

Die Bereitschaft eines Schülers, seinem Lehrer zu vertrauen, wird deutlich, wenn er die Empfehlungen des Lehrers über seine eigenen Glaubenssätze und seine eigene Moral stellt. Natürlich kommt es immer auf den gesunden Menschenverstand an, aber es gibt auch ein Element der Aufmerksamkeit und der Erkenntnis. Ein verantwortungsvoller Schüler ist innerlich beweglich und kann sich auf die Notwendigkeiten des Augenblicks einstellen, nicht streng und selbstgerecht, weil »rohes Gemüse gesund« ist und »Fleisch nicht und damit basta«. Wenn Menschen nach Hause gehen, um ihre Familien zu besuchen, sollten sie essen, was ihnen serviert wird. Wenn deine Mutter eine große Ente in die Röhre schiebt, weil das früher einmal deine Lieblingsspeise war, sag nicht: »Nein danke, ich esse lieber nur eine Selleriestange«.

Es gibt noch einen weiteren Grund, warum man innerlich beweglich bleiben sollte. Ich habe vor mehr als sechzehn Jahren einmal eine Geschichte gehört, die einen unauslöschlichen Eindruck auf mich gemacht hat. Eine

Frau war von den Berichten über die schädlichen Wirkungen von Chemikalien und künstlichen Farbstoffen so verängstigt, dass sie ihre Ernährung vollkommen umstellte. Sie begann, sich sehr bewusst zu ernähren und achtete darauf, dass sie genug von sämtlichen Nährstoffen erhielt. Nachdem sie einige Jahre ihre Diät gehalten hatte, ging sie zu einer Familienfeier – die Geburtstagsparty für eine ihrer Nichten – und bekam eine Torte mit Zucker und Buttercreme vorgesetzt. Ihre Familie überredete sie, ein Stück zu essen. »Deine Nichte hat ja nur einmal Geburtstag«, sagten sie. »Ein kleines Stück kann doch nicht schaden.« Und trotz ihres inneren Widerstandes gab sie nach und aß ein Stück von der Torte. Sie wurde schwer krank.

Es gibt in diesem Fall zwei mögliche Erklärungen. Zum einen sind die meisten Krankheiten psychosomatisch bedingt, und weil sie sehr neurotisch war, hatte sie sich wahrscheinlich in eine Angst hineingesteigert, die sie krank machte. Zum anderen wird der Körper durch eine gute Ernährung mit der Zeit sehr empfindlich und kann Stoffe so vollständig verwerten, dass die junge Frau in diesem Fall tatsächlich auf diese Torte so reagiert haben könnte, als sei sie das reinste Gift gewesen.

Auf der anderen Seite gibt es bestimmte Kulturen wie die Eskimos, die immer wieder das gleiche essen – Walspeck (mit gelegentlichen Beilagen von Walleber, ein bisschen Walzunge und zu besonderen Anlässen auch einmal etwas Walhoden). Sie würden einfach nicht überleben, wenn sie das zu sich nehmen müssten, was wir für eine ausgewogene, gesunde Ernährung halten.

Wir müssen flexibel bleiben, weil wir niemals wissen, was passieren wird. Als die Chinesen Tibet besetzten, wurden viele Tibeter gefangen genommen und in Umerziehungslager gesteckt. Über die wenigen, die aus diesen Lagern entkommen sind, gibt es einige sehr dramatische Geschichten. Die Dinge, die diese Menschen essen mussten, sowohl in den Lagern als auch auf ihrer Flucht, waren den Essgewohnheiten und Überzeugungen, die sie vor ihrer Gefangennahme hatten, vollkommen entgegengesetzt. Der Körper sollte niemals vergessen, wie er andere Formen der Ernährung neben denen, die absolut rein und vollkommen sind, verwerten kann.

Oft taucht die Frage auf, wie man unterscheiden kann zwischen der psychischen Lust, etwas Bestimmtes zu essen, und dem wirklichen Bedürfnis, das entsteht, wenn der Körper seine Balance wiederherstellen will. Ein Großteil unserer Arbeit besteht darin, zu helfen, die Verwirrung durch verschiedene Botschaften von Körper und Geist zu beseitigen. Es gibt keinen schnellen Weg, diese Unterscheidung treffen zu lernen, aber es ist möglich. Der Körper hat das Wissen dazu.

Körperliche Bedürfnisse hängen von der Chemie ab. Es kann eine »positive« Chemie geben – etwas, was der Körper braucht, weil es schon lange nicht mehr bekommen hat – oder eine »negative« – eine Sucht, etwas, was der Körper braucht, um eine Krise zu vermeiden. In beiden Fällen ist es jedoch ein direkter, grundlegender, chemischer Prozess, weder feinstofflich noch subjektiv.

Auf der anderen Seite entstehen mentale Wünsche nach bestimmten Dingen, zum Beispiel nach bestimmten Nahrungsmitteln, aus einer vollkommen subjektiven Dynamik heraus. Es ist beispielsweise sehr amüsant, Menschen zu beobachten, die meinen, sie könnten einen guten von einem schlechten Wein unterscheiden, aber in Wirklichkeit überhaupt nichts davon verstehen. Möglicherweise kennen sie alle richtigen Bewegungen – wie man riecht, wie man den Wein auf der Zunge zergehen lässt, ihn »kaut« oder was auch immer. Dennoch hängt ihre Reaktion oft vollständig davon ab, ob sie jemandem, der sich in ihrer Gegenwart befindet, imponieren oder schmeicheln wollen. Es hat nichts damit zu tun, wie der Wein schmeckt.

Das Ego entwickelt eine bestimmte Strategie einer Beziehung zum Leben und seinen Reizen. Es benutzt alles, um diese Strategie zu unterstützen: Ernährung, Macht, Sex, einfach alles. Unsere mentalen Wünsche nach bestimmten Nahrungsmitteln hängen oft davon ab, wie das Essen dieser Speisen von anderen gesehen wird. Manchmal benutzen wir bestimmtes Essen, um etwas in uns zu verwirklichen, was nichts mit dem Körper und seiner Chemie zu tun hat. Selbst der Wunsch, ein Vegetarier zu sein, kann auf einem sehr hohen Ideal basieren, aber trotzdem nichts mit einem Gefühl dafür zu tun haben, was der Körper weiß und was er braucht. Möglicherweise hat der Verstand einfach entschieden, dass eine vegetarische Lebensweise ethischer oder moralischer sei.

Der Körper weiß. Du musst dir deine Vision und deine Erinnerung an diese Art von Wissen, das wir alle gelegentlich erfahren haben, bewahren. Nimm dieses Wissen als Maßstab. Während du dies tust, wirst du entdecken, dass die echten Botschaften des Körpers nichts mit gedanklichen Überlegungen zu tun haben. Wenn du dir genehmigst, was du wirklich brauchst, ganz ruhig und natürlich, brauchst du dich weder vor dir selbst, noch vor anderen zu rechtfertigen: »Weißt du, ich werde jetzt einen Hamburger essen. Reg dich nicht auf. Ich werde es dir erklären.« Statt dessen wird es überhaupt kein Problem sein. Kein Problem, keine Krise zwischen dem, was dein Körper dir sagt, und deiner gewöhnlichen Praxis, deiner Integrität oder deinen üblichen Idealen.

Ich nenne die spirituellen Übungen die »Namen Gottes«, denn sie beruhen auf Offenbarungen. Viele Schulen empfehlen eine vegetarische Lebensweise und Meditation. Einige Dinge, die wir empfehlen, sind ziemlich weit verbreitet, und selbst einige der Methoden, die wir beschreiben, sind nicht neu. Mein spezieller Grund, diese Übungen anzubieten, ist der, dass sie mir gegeben wurden, um sie als Offenbarungen weiterzugeben, nicht weil ich sie irgendwo anders gesehen habe und dachte: »Ja, die sind auch gut genug für uns«. Jede echte Offenbarung wird nicht durch eigenes Wissen erzeugt, das man im Laufe der Zeit angesammelt hat, selbst wenn sie zufällig mit dem eigenen Wissen übereinstimmt. Die ekstatische mystische Poesie des Johannes vom Kreuz ist ein Beispiel dafür. Einige seiner Gedichte sind ausgesprochen erotisch, beinahe unchristlich, besonders wenn man an die Zeitumstände denkt, in denen er sie geschrieben hat. Wegen einiger seiner Schriften wurde er schwer verfolgt, weil seine Inhalte teilweise stark der traditionellen kirchlichen Lehre widersprachen.

Es gibt neunundneunzig Namen Allahs, und jeder Name ist eine spezifische göttliche Eigenschaft, wie »Gott, der Mitfühlende«, »Gott, der Barmherzige« und so weiter. Trotzdem wurden früher viele Sufis, islamische Mystiker, getötet, weil sie bestimmte Namen Gottes in ihrem Leben verwirklicht hatten, die nicht in den gesetzlichen Definitionen des Koran vorgesehen waren. Es ist mir sehr wichtig, dass spirituelle Übungen nicht an die Stelle ursprünglichen, spontanen Handelns treten und das Lob und die Verehrung Gottes ersetzen. Wenn Übungen zu kirchlichen Dogmen werden, statt zu einem Rahmen für menschliches Handeln, der die Entwicklung einer verfeinerten und energetischen Antwort auf das Leben ermöglicht, dann sind sie nicht mehr Namen Gottes. Es ist dann, als spräche man den Namen Gottes vergeblich aus.

Für jeden spirituellen Meister sind die Namen Gottes buchstäblich alles, was er mitzuteilen hat. Die positive Resonanz zwischen Lehrer und Schüler ist daher teilweise darauf zurückzuführen, dass der Schüler, so gut er kann, auf die spezifische Weise arbeitet, die der Lehrer empfiehlt. Wenn ein tibetischer Lama dein Lehrer wäre und er dir eine bestimmte Ernährungsweise oder eine bestimmte körperliche Übung empfähle, würdest du damit alles aus ihm hervorlocken, was er zu bieten hat. Einem Lehrer zu folgen und dennoch eine andere Praxis zu pflegen, ist so, als wisse man es besser als der Lehrer. Dies ist eine der extremsten Formen von Arroganz.

MEDITATION

Die Praxis der Meditation, von der wir Gebrauch machen, ist dem Zen sehr ähnlich. Wir halten es für das Beste, wenn man einfach sitzt, eine halbe Stunde, eine Dreiviertelstunde oder was immer bequem möglich ist. Es gibt keine bestimmte Zeitspanne, aber es ist von Vorteil, täglich zu sitzen – wenn möglich, immer um dieselbe Zeit. Während des Sitzens beobachtest du einfach, was in deinem Bewusstsein auftaucht. Das wird die Frucht deiner Meditation sein, die »Nahrung«, mit der du den Rest des Tages arbeiten solltest. Wenn du dich also ärgerst, weil in dem Meditationsraum das Bildnis eines männlichen Gurus hängt (da wärst du nicht der erste), dann ist es das, worüber du nachdenken und woran du den Rest des Tages arbeiten solltest. Frage dich immer wieder: »Warum macht mich das wütend? Was geht hier eigentlich vor? Was ist denn daran so schlimm ... es ist doch nur so ein Typ, wo ist denn das Problem?« Nutze die Gelegenheit, um dich selbst zu befragen: »Wer bin ich im Verhältnis zu meinem Ärger, meiner Langeweile, meinen Widerständen ... ?« oder so ähnlich.

Eine andere Möglichkeit, mit Dingen zu arbeiten, die während der Meditation auftauchen, ist zu erkennen, dass dein Ziel nicht darin besteht, egoistische Eigenarten wie Stolz, Lust oder Gier auszulöschen, sondern sie zu verwandeln. Verwandelte Lust wird zu Leidenschaft. Verwandelte Gier wird zu Wohltätigkeit oder Großzügigkeit. Wenn diese rohen Elemente des Ego sich dir also in der Meditation zeigen und du mit ihnen arbeiten willst, dann tust du dies nicht durch irgendeine Yoga-Technik der Energieumwandlung, sondern einfach indem du fragst: »Wie sähe dieses Element aus, wenn es verwandelt wäre?« oder: »Was ist das Gegenstück zu diesem Element der niederen Welt in der höheren Welt?« Du befragst dich gründlich selbst. Das meint »damit arbeiten«.

Manchmal sagt jemand: »Heute war meine Meditation nicht so gut« oder: »Ich konnte heute nicht meditieren«. Sie sagen das, weil das, was geschehen ist, nicht das war, was sie wollten. Sie wollten Ekstase, Seligkeit oder Visionen, und alles, was sie bekamen, waren Schmerzen im Bein. Gelegentlich wirst du tatsächlich Visionen bekommen, aber nicht jeden Tag. Manchmal besteht die »Vision«, die du bekommst, lediglich in der bildlichen Vorstellung von dem Meditationsraum, in dem du dich befindest. Und gelegentlich werden die Gefühle, die du bekommst, voller Zorn sein. So ist das eben.

Häufig steht am Anfang einer Meditation nichts weiter als Schmerz und Langeweile. Der Geist ist wie ein Affe, der wie verrückt um alle möglichen Gedanken, alle möglichen Widerstände herumhüpft, unterbrochen von Perioden der Kreativität, der Klarheit und des Glücksgefühls. Aber es ist alles durcheinander. Für die meisten ist das erste, was sie in einer Meditation merken: »Das Kissen ist zu hart ... das Kissen ist zu weich ... das Fenster ist offen ... es zieht ... es ist zu warm ... schlechte Luft hier drin ... « Möglicherweise befindet sich der Meditationsraum über einer Bäckerei, und monatelang dreht sich unsere Meditation nur darum, welche Brotsorte gebacken wird. Dann klingelt das Telefon, oder der Hund des Nachbarn fängt an zu bellen, und wir denken darüber nach, ständig von den Kleinigkeiten besessen, die uns auf der niedrigsten Stufe unserer Wahrnehmung treffen. Der Geist kann sich darauf verlassen, dass unsere Aufmerksamkeit abgelenkt, gefesselt und kontrolliert wird.

Die Absicht der Meditation ist, einfach zu beobachten, was kommt, ohne zu definieren und zu bewerten, was gut, was schlecht und was neutral ist. Es gibt keine gute oder schlechte Meditation. Egal, ob deine Gedanken durcheinander sind, ob sie schnell oder langsam, klar oder unklar sind, alles ist Meditation.

Im letzten oder vorletzten Jahrhundert gab es einen Zen-Meister, der jeden Abend, bevor er zu Bett ging, ein paar Whiskeys zu sich nahm. Viele seiner Schüler dachten, er wäre Alkoholiker, aber keiner hatte den Mut, ihn zu fragen, warum er das tat. Nach vielen Jahren fasste sich irgend jemand schließlich ein Herz und fragte ihn. »Das hat folgenden Grund«, sagte er. »Sogar nach vierzig Jahren tun mir nach dem Meditieren noch immer die Knochen weh. Da trinke ich ein wenig Alkohol, weil es mich entspannt, meinen Schmerz lindert und ich besser schlafen kann.« Das ist es. Oft suchen wir nach Geheimnissen, während alles ganz einfach ist, ganz klar, keine verborgenen Bedeutungen. Ebenso verhält es sich mit der Meditation. Es gibt keine verborgenen Bedeutungen. Du sitzt einfach. Das, was in dir aufsteigt, ist alles, was es gibt, und es gibt kein Gesetz, das besagt, dass du es mögen (oder hassen) müsstest.

Der Prozess der Meditation, so wie ich sie lehre, ist nicht dazu da, entspannt und ausgeglichen zu werden. Sich einfach durchs Leben zu bewegen mit dem Gedanken, dass wir alle vollkommene Kinder Gottes sind, so, wie wir sind, und uns ganz von selbst aus niederen Lebensformen in höhere entwickeln, ist vollkommen abwegig. Diese Einstellung kannst du in vielen »New Age«-Ikonen entdecken, in denen luftige Elfen in lila getönter Umgebung um glitzernde Wolkenschlösser tanzen, nicht zu vergessen gläserne Einhörner und Gestalten mit langen Gewändern und engelsgleichem Haar. Solche Vorstellungen haben keine echte Beziehung zum Leben und sind nicht geeignet, etwas zu bewegen, weil sie Erwartungen auf Objekte der Phantasie lenken. Solche »Kunstwerke« sollen zu Entspannung und Ausgeglichenheit verhelfen, aber darin unterscheiden sie sich radikal von den Schöpfungen eines Gaugin, Bach, Da Vinci oder Michelangelo. Diese Künstler schufen ihre Werke nicht aus Entspannung und Ausgeglichenheit, sondern aus innerem Aufruhr, Leidenschaft und Feuer.

Meditation ist dazu da, die Beobachtung zu schärfen. Die meisten Menschen halten niemals inne, um zu schauen, was sie eigentlich tun, warum sie denken, wie sie denken, und fühlen, was sie fühlen. Zu entdecken, was spirituelle Arbeit ist und worin der Dienst an Gott besteht, und zu wissen, wer wir sind, macht es erforderlich, dass wir wissen, warum wir tun, was wir tun, und sind, wie wir sind. Die meisten Entscheidungen, von denen wir meinen, sie seien ein Zeichen von Intelligenz und Reife, sind nichts weiter als mechanische Reaktionen auf bestimmte Reize. Wenn wir durch die Meditation an Klarheit gewinnen, können wir zwar immer noch mechanisch auf Dinge reagieren, aber wir werden gleichzeitig ein Gefühl dafür entwickeln, ob diese mechanischen Reaktionen mit dem Dienst an Gott in Einklang stehen oder nicht.

Klare Sicht haben wir nur in wenigen Momenten. Dazwischen steht dieselbe Verwirrtheit. Dieselben Wünsche und Begierden beanspruchen ihren Platz. Wir müssen bereit sein, uns in jedem Moment so zu akzeptieren, wie wir sind, und nicht glauben, dass wir, sobald wir die Wahrheit vernommen haben, ewige Vollkommenheit erlangt hätten. Wir sind zwar bereits erleuchtet, aber diese Erleuchtung täglich in unseren gewöhnlichen Aktivitäten zum Ausdruck zu bringen entspricht nicht unseren Gepflogenheiten. Hierzu ist eine dauerhafte spirituelle Praxis vonnöten.

Früher oder später wird der Geist ganz von selbst in die Tiefe gehen. Statt der groben physischen Ablenkungen wird er versuchen, wirkungsvolle und verführerische Mittel einzusetzen, um uns zu faszinieren, abzulenken und zu kontrollieren. Wenn wir ihm jedoch nicht geben, was er verlangt, wenn wir uns nicht von der Faszination, der Ablenkung und den Bestrebungen, uns zu kontrollieren, einwickeln lassen und statt dessen die Ablenkungen als Erinnerungshilfen nutzen, indem wir uns fragen: »Was kann ich damit anfangen?«, wird der Geist nach einer Weile zu seiner mächtigsten Quelle gehen, an seinen Entstehungspunkt, den eigentlichen Ursprung seiner Herkunft.

Wenn man sagt, dass man mittels Meditation nach etwas sucht, dann ist es dieser Entstehungspunkt. Wenn du diesen Punkt der Entstehung aller Gedanken erreichst, befindest du dich an der Grenze zwischen zwei verschiedenen Dynamiken. Auf der einen Seite findest du die Dynamik des Ego, sämtliche autonomen, mechanischen Definitionen, die der Geist selbst erschafft und aufrechterhält, und auf der anderen Seite die Energie, die wir den »Willen Gottes« nennen, das Gesetz des fort während evolutionären Ausdrucks der gesamten Schöpfung. Wenn du nur sitzt, wird dich dein Sitzen irgendwann an diesen Ort bringen, nicht weil du es so geplant hast, sondern weil der Geist so funktioniert. Diesen Punkt zu erreichen ist in Wirklichkeit eine Funktion der Verzweiflung des Geistes, nicht eine Funktion deiner erfolgreichen Meditation.

Wenn man diesen Berührungspunkt erreicht, gibt es die Möglichkeit, entweder zurück auf die Seite des Ego zu gehen oder auf die Seite des göttlichen Willens zu geraten. Dies ist ein sehr heikler Moment. Wir besitzen ein ganzes Leben voller Gewohnheiten, die als Magneten wirken, uns auf die Seite des Ego zu ziehen. An diese Seite sind wir gewöhnt. Wir kennen uns aus. Sie ist bequem. Wir wissen bereits alles über diesen Ort. Die andere Seite ist unbekanntes Territorium. Selbst wenn wir die Erfahrung einer Unterordnung unter den göttlichen Willen gemacht haben, neigen wir dazu, wenn die Intensität nachlässt, in unsere gewohnheitsmäßigen Muster zurückzufallen. Daher müssen wir, auch wenn die Meditation die gewünschten Früchte zeigt, immer weiter praktizieren, um eine Wertschätzung für die Frucht aufzubauen – eine Sympathie für den Willen Gottes auf Kosten der Wertschätzung für das Ego. Wir drücken das folgendermaßen aus: »Der Körper muss eine Matrix bilden, um eine Form der Praxis und der Arbeit zu verwerten, die mit der Unterordnung unter den göttlichen Willen einhergeht.«

Normalerweise sind wir ganz und gar, einschließlich unseres Nervensystems, den Bedürfnissen des Ego statt dem Willen Gottes unterworfen. Um sich dem zu unterstellen, muss man nicht nur seine Überzeugungen ändern und den Dingen gegenüber eine veränderte Einstellung haben, sondern auch die Energiesysteme des Körpers völlig neu strukturieren. Man kann einen Moment lang die Unterwerfung erleben, aber diese Unterwerfung auf Dauer im Leben zu integrieren erfordert Zeit und harte Arbeit. Das ist Praxis.

KÖRPERARBEIT

Neben der täglichen Meditation und einer vegetarischen Lebensweise empfehlen wir regelmäßige körperliche Betätigung. Gelegentlich gebe ich jemandem eine bestimmte Übung, aber normalerweise kann die Körperarbeit alle möglichen Formen annehmen, die man regelmäßig unternimmt: Joggen, Spazierengehen, Gymnastik, Yoga. Ich halte sehr viel von traditionellen Formen der Körperarbeit wie Ballett oder Kampfsportarten. Dabei kommt es auf jeden einzelnen an. Im allgemeinen ziehe ich Aikido, Judo oder Tai Chi den anderen Kampfkünsten wie Karate und Taekwondo vor. Ich mag auch den brasilianischen Kampfsport Capoeira. Einige neue experimentelle Programme für »kreative Bewegung«, die sich ebenfalls »Körperarbeit« nennen, kann ich jedoch nicht empfehlen.

STUDIUM

Es gibt in dieser Arbeit noch weitere Praktiken, aber ich werde mich in diesem Rahmen auf eine kurze Beschreibung unserer Art des theoretischen Studiums beschränken. Regelmäßiges Studium ist eine der empfohlenen Rahmenbedingungen für Schüler dieser Schule. Die Schüler studieren die Bücher, die ich geschrieben habe, genauso wie die klassische religiöse Weltliteratur und andere klassische Literatur und Dichtung aus Ost und West.

Viele Menschen meinen, sie sollten studieren, um einen großen Vorrat an »Tipps für spirituell Bedürftige« oder so etwas anzulegen. Ein richtiges Studium soll jedoch vielmehr den Zweck haben, das, was du liest, in Beziehung zu deiner eigenen persönlichen Erfahrung zu setzen. Wenn du etwas liest, bei dem du das Gefühl hast, es ist wahr, wird das entweder mit dem, was du bereits weißt, harmonieren, oder es wird dir zu verstehen geben, dass du diese Wahrheit noch nicht ganz begriffen hast.

Etwas zu verstehen ist eigentlich gar nicht so wichtig. Wenn du die Parabeln der Sufis liest und sie nicht verstehst, lies sie trotzdem. Es ist kein Problem, etwas nicht zu verstehen. Die meisten von euch werden wissen, dass es durchaus vorkommt, dass man etwas liest und in dem Moment überhaupt nicht begreift, worum es geht, aber wenn man es drei Jahre später noch einmal zur Hand nimmt, kann es vollkommen klar und offensichtlich sein.

Das Studium und andere Übungen sind dazu gedacht, dich zu befähigen, deinen eigenen, beschränkten Horizont zu erweitern. Für ein vierjähriges Kind zum Beispiel kann eine Puppe ebenso viel bedeuten wie für einen sensiblen Erwachsenen Wohltätigkeit oder Höflichkeit. Einer der üblichen Fehler, den Erwachsene angesichts der zerbrochenen Puppe eines Kindes machen, ist zu sagen: »Ach, es ist doch nur eine Puppe«. Der Erwachsene meint, dass das Kind irgendwann eine neue Puppe bekommt, vielleicht auch ein Kätzchen oder einen kleinen Hund. Er weiß, dass das Kind, wenn es heranwächst, viele Dinge lieben lernen wird. Trotzdem ist unsere Reaktion in diesem Moment möglicherweise sehr unsensibel. Wir Erwachsene sind oft nicht bereit, die Umstände aus der Perspektive eines anderen Menschen zu sehen. Darin besteht einer der Vorzüge des Studiums.

Als wir nach Indien fuhren, aßen wir alles, was die Inder auch aßen, und reisten wie sie. Wir mieteten kein Auto, sondern nahmen den öffentlichen Bus. Nur beim Wasser machten wir eine Ausnahme und tranken nicht überall. Einerseits kann man den Standpunkt anderer Menschen und ihre speziellen Erfahrungen achten, andererseits kann man sich auch sehr dumm anstellen. Drei Wochen lang mit Durchfall im Bett zu liegen lässt einem kaum Möglichkeit, die indische Kultur zu würdigen. Es ist besser, man vermeidet es, das Wasser zu trinken. Die Übungen sind nicht zuletzt auch dazu da, einen gesunden Menschenverstand zu entwickeln.

WAS LEHRT UNS DAS?

Das Fortschreiten des Bewusstseins spielt sich folgendermaßen ab: Zuerst sind wir vollständig und neurotisch mit allem, was auftaucht, identifiziert. Wir lassen unsere Identität vollkommen von den Elementen unserer Persönlichkeit bestimmen. Dann begeben wir uns in die spirituelle Arbeit. Wir nähern uns einem Ort, an dem wir beginnen, unser automatisiertes Verhalten von einem übergeordneten Standpunkt aus zu betrachten. Wir sehen, wie wir dies und das und jenes tun, und sind in der Lage, uns tatsächlich von dem zu trennen, was geschieht – objektiv zu sehen, was der Körper tut, was die Emotionen tun und so weiter. Schließlich kommen wir an einen Punkt, an dem wir mit dem Geschehen weder identifiziert sind, noch absichtlich die Identifikation aufgelöst haben. Wir ziehen einfach keine Schlüsse aus den Dingen. Was geschieht, geschieht. Es gibt keine Definition, keinen analytischen Prozess, keinen Gedanken und insbesondere keine Fragen. Was ist, ist. Dahin kommen wir durch die Praxis.

Im Zen gibt es folgende Geschichte: »Als ich anfing, waren die Bäume Bäume, Wasser war Wasser und die Wolken Wolken. Dann wurde ich erleuchtet. Ich erreichte Satori nach Satori nach Satori und fand heraus, dass die Bäume, die Wolken und das Wasser viel mehr waren, als ich mir jemals vorgestellt hatte. Aber ich fuhr immer weiter fort, hart zu arbeiten und mich viele Jahre abzumühen. Das Ergebnis meiner ganzen Arbeit war schließlich, dass ich erkannte, dass ein Baum ein Baum ist, Wasser Wasser und eine Wolke eine Wolke«.

So ist das.

IV

SELBST-

ERFORSCHUNG

UND DIE DYNAMIK DES

GEISTES

Die Quelle vieler Vorteile, die wir als Menschen haben, aber auch vieler Probleme, ist das, was wir unseren Geist (mind) nennen. In dieser Schule pflegen wir etwas, was man nach Zen-Art den »Geist, der keine Schlüsse zieht« nennen könnte. Das Problem ist dabei nicht unbedingt das Denken selbst. Unser Denken ist das Medium, durch das wir in Kontakt mit allen Informationen kommen können, welche die Sinne aufnehmen. Das Problem ist, dass wir das Aufgenommene subjektiv interpretieren und aus allem, was wir erleben, unsere Schlussfolgerungen ziehen.

Es gibt drei Hauptaspekte des menschlichen Bewusstseins: den mentalen Aspekt oder die gedanklichen Vorgänge, den emotionalen Aspekt oder den Gefühlsprozess sowie den Bewegungsaspekt, zum Beispiel unsere Fähigkeit zu laufen. Normalerweise werden Informationen zuerst vom Geist erkannt, selbst wenn sie vorher vom Körper oder von den Gefühlen wahrgenommen wurden. Wir sind fühlende und uns bewegende Wesen, aber unsere Hauptform der Interaktion mit der Welt ist von unserer Erziehung her mental. Wenn wir imstande wären, einen »Geist, der keine Schlüsse zieht« zu haben, könnten wir das Aufgenommene mit vollkommener Objektivität sehen. Wir würden Dinge direkt sehen und fühlen, könnten uns in Beziehung zu ihnen bewegen, unmittelbar, ohne irgendwelche anderen Beweggründe.

Ich will ein Beispiel geben. Wenn du eine Beziehung zu jemandem hast, und etwas an eurer Art, miteinander umzugehen, erzeugt Schmerzen, dann kannst du mit einem »Geist, der keine Schlussfolgerungen zieht« den Schmerz einfach fühlen, wissen, dass es Schmerz ist, und mit der Beziehung fortfahren. Wenn wir jedoch vom Verstand her so funktionieren, wie man es uns normalerweise beibringt, interpretieren wir alle Informationen subjektiv, das heißt, wie sie sich auf uns als Objekt oder Subjekt beziehen. Anstatt den Schmerz einfach zu fühlen und weiterzumachen, halten wir inne und sagen: »Du hast mir das angetan.« Oder wir sagen: »Ich bin schlecht ... «, »Ich habe das nicht verdient ... «, »Du liebst mich nicht mehr ... « und so weiter in unendlich vielen Variationen. (Und Gott behüte, wenn wir es wagen sollten, völlig erschöpft einzuschlafen, bevor die andere Person mit ihren Schuldzuweisungen für ihre Probleme fertig ist!)

Es ist dem Geist außerordentlich wichtig, die Illusion zu erzeugen, er sei der einzige, beherrschende, alles manipulierende Faktor in allen Lebensumständen. Dabei fällt mir eine Geschichte über die Macht der Gedanken ein:

Eine Frau lief sehr aufgeregt zu einem Chirurgen und sagte: »Ich habe eine Schlange im Bauch und muss operiert werden.« Der Chirurg redete vorsichtig auf sie ein und empfahl ihr, einen Psychiater aufzusuchen. Die Frau war selbstverständlich sehr beleidigt und wütend, stürmte aus der Praxis und ging zu einem anderen Chirurgen mit derselben Beschwerde. »Ich habe eine Schlange im Bauch,« sagte sie, »und ich brauche Ihre Hilfe, um sie herauszubekommen.« Aber der zweite Arzt reagierte auf dieselbe Weise und verwies sie an einen Psychiater.

Man kann sich unschwer vorstellen, dass jemand, der eine Schlange im Bauch hat, dies sehr beunruhigend findet und das Problem unbedingt so schnell wie möglich lösen möchte. Also ging sie von einem Arzt zum nächsten. Schließlich traf sie auf einen Arzt, der über einige Erfahrung in psychosomatischen Erkrankungen verfügte. »So, Sie haben also eine Schlange im Bauch« sagte er. »Das werden wir schon hinkriegen. Lassen Sie uns einen Termin vereinbaren.« Die Frau war sehr erstaunt. »Sie glauben mir?«, fragte sie den Arzt fassungslos. »Ja, natürlich« sagte der Doktor. »Ich kenne mich mit diesen Dingen aus. Wir müssen die Schlange herausoperieren, damit Sie sich wieder wohlfühlen.« Sie vereinbarten einen Termin für eine kleine Operation in ein paar Wochen.

In der Zwischenzeit ging der Chirurg zu einem Tierpräparator und kaufte eine in Formaldehyd eingelegte Schlange. Als die Frau in seine Praxis kam, versetzte er sie in eine Narkose, machte einen kleinen Einschnitt und vernähte ihn, damit die Frau sehen konnte, dass er etwas getan hatte. Als sie aufwachte, zeigte er ihr die Schlange und sagte: »Ich hatte meine Zweifel, aber Sie waren so überzeugt, und nun sehe ich, dass Sie tatsächlich eine Schlange

im Bauch hatten. Ich habe sie herausgeholt, und nun sind Sie frei.«

Die Frau war erleichtert. »Vielen, vielen Dank« sagte sie. »Ich fühle mich wunderbar, wirklich großartig. Aber ich würde die Schlange gern mitnehmen, denn niemand von meiner Familie und meinen Freunden würde mir glauben. Ich möchte ihnen die Schlange zeigen.« Der Chirurg gab ihr die Schlange, und sie nahm sie mit nach Hause. Unterwegs ging sie gleich zu ihrer besten Freundin, die ihr niemals geglaubt hatte. »Schau dir das an,« sagte sie voller Freude zu ihrer Freundin, »du dachtest, ich sei nicht ganz normal. Aber da siehst du es ja. Ich hatte wirklich eine Schlange im Bauch, und der Chirurg hat sie herausgenommen.« Die Freundin schaute sich die Schlange kurz an und holte einmal tief Luft. »Was ist los?« fragte die Frau, ein wenig verstört durch die Reaktion ihrer Freundin. »Nun,« sagte die andere, »ich hoffe nur, er hat sie rausgekriegt, bevor sie Eier legen konnte.«

Wie die Frau auf diese Bemerkung reagiert hat, möchte ich eurer Phantasie überlassen. Wie gesagt macht der Körper nur das, was der Instinkt fordert, aber der Geist ist ungeheuer trickreich.

Bereits vor der Geburt, während der Schwangerschaft, beginnt der Geist des Kindes, bestimmte Strategien zu entwickeln, die der Mensch für den Rest seines Lebens verwendet, es sei denn, sie werden durch irgend etwas verändert. Die Strategien stehen immer direkt in Zusammenhang mit der Angst des Geistes, ausgelöscht zu werden. Stell dir vor, du wurdest als Baby oder Kleinkind eines Nachts alleingelassen. Möglicherweise hast du geweint, bis du eingeschlafen bist. Später, als du wieder aufgewacht bist, hast du das dumpfe Gefühl gehabt, trotz deiner Panik und Konfusion irgendwie überlebt zu haben. Von diesem Augenblick an beginnt der Geist möglicherweise in seiner verdrehten Logik anzunehmen, dass zum Überleben gehört, regelmäßig alleingelassen zu werden. Daraufhin würde der Mensch beginnen, sein Leben so einzurichten, dass es zwangsläufig und gezielt immer wieder zu Situationen kommt, in denen er allein gelassen wird.

Als Erwachsene entwickeln wir Intelligenz, Sensibilität, ein breites Spektrum von Gefühlen und Reaktionen auf bestimmte Situationen, und unsere Logik gleicht sich immer mehr der gesellschaftlichen Norm an. Wir können die psychische Verstimmung, in die wir geraten, wenn wir alleingelassen werden, durchaus verstehen. Trotzdem können wir nicht umhin, uns unerwünscht und ungeliebt zu fühlen und dadurch große psychische Schmerzen zu erleiden. Wir sind relativ hilflos, wenn es darum geht, nicht immer wieder dieselben Situationen zu kreieren. Die Eindrücke, denen wir im Kindesalter ausgesetzt waren, sind unglaublich stark, und während wir heranwachsen und mehr Erfahrungen sammeln, werden sie noch verstärkt. Wenn wir dann erst einmal erwachsen sind, verfügen wir über einen riesigen Berg von Informationen, die unsere neurotischen Strategien verstärken. Der Berg steht jedoch gewissermaßen auf dem Kopf, denn der gesamte Wust von Informationen beruht in erster Linie auf jenen anfänglichen Eindrücken, die wir als Kinder gehabt haben.

Die meisten Prozesse der Selbstverwirklichung beginnen an der Oberfläche dieses Informationswusts und versuchen, sich bis zum Grund durchzuarbeiten, bis zu dem Punkt, an dem alles begonnen hat. Aber man braucht nicht übermäßig intelligent zu sein, um einzusehen, dass es völlig unmöglich ist, aus dieser Masse schlau zu werden, geschweige denn, sich in gerader Richtung hindurchzufinden. Dennoch versuchen wir es. Viele Menschen wandern ein Leben lang durch das riesige Labyrinth dessen, was in Wirklichkeit nur die oberflächlichen und unbedeutenden Verbiegungen ihres Geistes sind, die Funktionen des Ego, die Neurosen. Tatsächlich könnten wir eher mit einer Hand den Mount Everest abtragen als das Geflecht von Informationen zu sichten, die unsere Überlebensstrategien bestimmen.

Es gibt zwei Möglichkeiten, dieses geistige Problem zu lösen. Die erste Methode ist die, den ursprünglichen Moment zu finden, in dem du eine Überlebensstrategie zum ersten Mal verwendet hast. Wenn du das, was in diesem Augenblick wirksam war, in exakt derselben Bewusstseinsintensität nacherleben kannst, hast du anscheinend die Möglichkeit, deine erwachsene Intelligenz und deine rationale Objektivität auf diesen Punkt zu richten und eine positive oder sogar ekstatische Strategie an dessen Stelle zu setzen. Methoden wie Primärtherapie oder Rebirthing sind mit diesem Prinzip im Hintergrund entwickelt worden. Janov, der Begründer der Primärtherapie, behauptet, dass einige Anwender dieser Methode als Folge mehrere Zentimeter gewachsen seien, und Frauen, deren Brüste unterentwickelt waren, gesunde Brüste entwickelt hätten. Ich bin Menschen begegnet, die diese Prozesse durchlaufen haben, und konnte tiefgreifende Veränderungen in ihrer Psyche beobachten. Aber ich habe bisher noch niemanden getroffen, der damit seine primäre Überlebensstrategie verändert hätte. Um das zu tun, müsste man die segensreiche Seite des Geistes erfahren. Und allein das wird vom Geist schon als eine Bedrohung für sein Überleben und seine Autonomie betrachtet. Der Geist ist, was das Zulassen seiner ekstatischen Seite angeht, mindestens ebenso unbeweglich wie ein diktatorisches Regime bezüglich Meinungs- und Pressefreiheit. Sobald sich irgendwelche Bewegungen im Untergrund nach Freiheit, Ekstase oder anderen Wohltaten entwickeln, wird der Geist wie eine totalitäre Regierung versuchen, sie auszulöschen – durch Folter, Verstümmelung oder gar Tod. Mit dem Geist zu arbeiten ist sehr, sehr schwierig.

Wenn ein Therapeut, der mit primären oder psychologischen Verfahren arbeitet, nicht die Objektivität besitzt, um eine lebensbejahende Strategie zu wählen, wird der Klient den Ausgangspunkt erreichen, aber anschließend mit denselben Neurosen weiterleben. Ohne eine erlernte Kenntnis der segensreichen Seite des Geistes wird man, wenn man an diesen Punkt gelangt und ihn wieder lebendig macht, verwirrt zurückbleiben und nicht wissen, was man damit anfangen soll. (Obwohl die meisten Menschen behaupten, sie wissen ganz genau, was sie zu tun haben.)

Ein Mensch, der seine Überlebensstrategie tatsächlich verändert hat, würde mehr tun, als lediglich etwas mehr Geduld mit seiner Familie an den Tag legen. Er würde nicht bloß öfter lächeln oder plötzlich schwindelfrei werden, schwimmen können oder sich sexuell befreien. Er würde vielmehr vollkommen aufhören, sein Leben nach den alten, überkommenen Überlebensprogrammen auszurichten.

Die zweite Möglichkeit, mit dem Problem des Geistes umzugehen, besteht darin, sich einfach vom analytischen, schlussfolgernden Denken zu trennen. Der Geist ist wie ein Computer, der jeden kleinsten Reiz, der von den Sinnen aufgefangen wird, analysiert. Anschließend wählt er die Reize aus, die das Überleben unterstützen, und weist alle anderen zurück. Wenn du dich von dem analytischen Teil des

Geistes trennst, bleibt er als seniler und impotenter Diktator zurück, als Strohmann ohne Macht. Diese Alternative ziehe ich bei weitem vor. Darüber hinaus ist es die leichtere der beiden.

Der Zustand der Trennung ist genau das, was man den »Geist, der keine Schlüsse zieht« nennt. Er ist klar, deutlich, genau auf den Punkt. Man könnte ihn endlos beschreiben, aber so einfach ist seine Definition. Pflege einen »Geist, der keine Schlüsse zieht«, nicht als Übung (denn es ist nichts, was man tut), sondern als Bewusstseinszustand.

Ein »Geist, der keine Schlüsse zieht« ist erleuchtetes Leben, und es gibt bestimmte Wege, sich durch das Praktizieren dieser Art des Denkens dem Zustand der Erleuchtung zu nähern. Der erleuchtete Zustand des reinen Seins wird nicht von außerhalb auf jemanden herabgezogen, sondern er wird freigelegt, indem man die Dinge beseitigt, die seiner Gegenwart, die bereits in uns ist, im Wege stehen. Die Ausübung einer gründlichen Form der Selbstbeobachtung, bekannt als »Selbsterforschung« ist ein Weg, um sich für den Zustand des »Geistes, der keine Schlüsse zieht« zu öffnen.

SELBSTERFORSCHUNG

Eine Form der Selbsterforschung, die von dem indischen Heiligen Ramana Maharshi entwickelt wurde, besteht darin, den Satz oder die Frage: »Wer bin ich?« als konstante Form der Selbstbefragung zu verwenden. Genau dieser Satz wird auch häufig in verschiedenen Formen der Therapie benutzt, in der man seinem Partner gegenübersitzt und sich gegenseitig befragt: »Wer bist du? Wer bist du? Wer bist du? Wer bist du?«, und wer am meisten Geduld hat, hat gewonnen.

In unserer Schule machen wir von einer anderen Form von Selbsterforschung Gebrauch, und das ist kein Geheimnis. Man kann es in allen unseren Büchern nachlesen. Es gibt auch kein spezielles Mantra zur Initiation. Jeder kann sie versuchen, und viele werden tatsächlich das Gefühl haben, sie hätten Erfolg damit. Wenn die Selbsterforschung jedoch nicht im Kontext der direkten Beziehung zwischen Schüler und Lehrer eingesetzt wird, kann sie kaum nützlicher sein als jede andere therapeutische Methode. Das ist ein sehr wichtiger Aspekt.

Der Satz, den wir zur Selbsterforschung verwenden, lautet: »Wem mache ich eigentlich etwas vor?«. Es ist wichtig, diesen Satz genau in dieser Form zu verwenden, weil er zu erstaunlichen Enthüllungen führen kann. Ich habe mir diesen Satz keineswegs einfach ausgedacht oder angefangen, ihn zu empfehlen, weil ich irgendwo gelesen hätte, dass andere Lehrer ihn ebenfalls verwendet hätten. Diese Praxis wurde nicht begonnen, weil sie rational als besonders sinnvoll erschienen wäre.

Der Satz wird folgendermaßen gebraucht: Nehmen wir an, du hast ein Problem und sagst dir: »Wem mache ich eigentlich etwas vor?«, wobei du dich auf das Problem beziehst. Möglicherweise fühlst du dich dann losgelöst, ängstlich oder irgendwie seltsam. Dann stellst du dir wieder die Frage und beziehst dich dabei auf dein Gefühl. »Wem mache ich eigentlich etwas vor?« Welche Reaktion du daraufhin auch bekommst, immer gehst du der Sache auf den Grund und verwendest dabei den Satz als Fragestellung. Es ist wichtig, dass du die Frage nicht benutzt, um eine bestimmte Antwort zu erhalten, und nicht aufhörst zu fragen, wenn dir die Antwort nicht gefällt. Wenn du die Frage mit ausreichender Intensität einsetzt, können anfangs die Ergebnisse durchaus unbequem sein.

Die Frage ist wie ein Koan, ein Zen-Lehrspruch. Sie wirkt wie eine Erbse unter der Matratze des Ego. Selbsterforschung liefert eine permanente Reizung, wie das Sandkörnchen in einer Auster. Die Schönheit einer Perle ist in Wirklichkeit das Ergebnis einer Reizung, nicht etwa das Ergebnis einer künstlerischen Betätigung der Auster. Diese Arbeit hat – nicht immer zu unserem Vergnügen – viel damit zu tun, dass der Mensch das Potential hat, als Ergebnis einer konstanten Reizung »Perlen« hervorzubringen. Vieles an meiner Arbeit dient dazu, diesen Reiz, diese Irritation zu liefern. Natürlich hätte ich lieber den Job, mich von einer ergebenen Schar von Anhängern tragen zu lassen und meinen Segen auszuteilen, aber so weit sind wir noch nicht. Oft tue ich für lange Zeit nichts anderes, als Menschen zu irritieren, bis irgendwann unerwartet ein kleines Geschenk in Form eines kurzen segensreichen Moments auftaucht. Dann sagen alle: »Ah… «, atmen tief durch und machen sich wieder an ihre harte Arbeit.

Die Selbsterforschung ist eigens dafür gedacht, dass man sie auf alles anwenden kann, was einem im Leben begegnet, sei es positiv, negativ oder neutral. Wahrscheinlich ist sie noch effektiver, wenn sie nicht während der Meditation eingesetzt wird, sondern im gewöhnlichen Tagesablauf. Wenn man erst einmal damit vertraut ist, wird die Frage in ganz spezifischen Situationen von selbst auftauchen. Du brauchst gar nicht mehr darüber nachzudenken. Dieser spontane Gebrauch ist weitaus effektiver als die bewusste Entscheidung über ihren Gebrauch.

Selbsterforschung beschäftigt sich mit der Dynamik des Ego, nicht mit dessen Ausdruck. Dieser kann positiv oder negativ, problematisch oder unproblematisch sein. Während der ersten Jahre der spirituellen Arbeit wird die Selbsterforschung hauptsächlich zur Enthüllung der eigenen Überlebensstrategie eingesetzt.

Es ist leicht, sich selbst an der Nase herumzuführen. Wenn ein Mensch mit der spirituellen Arbeit beginnt, glaubt er häufig schon nach sehr kurzer Zeit, dass sein Leben völlig verwandelt sei. Viele bringen dieselbe Dynamik in die spirituelle Gemeinschaft oder in die spirituelle Praxis ein, die sie vorher ins Geschäfts- oder Familienleben eingebracht haben, aber sie merken es nicht. Wenn jemand im gewöhnlichen Leben ein selbstbewusster, überzeugender Redner war, wird er vielleicht, wenn er ein spirituelles Leben beginnt, in dem man angeblich »still und sanft« zu sprechen hat, zu einem aufrechten Pionier und Experten für das Dharma. Sein Bedürfnis, zu beherrschen, zu motivieren und zu überleben, wie er es immer schon getan hat, bekommt nun lediglich ein attraktiveres, »spirituelles« Gesicht. Dennoch haben sich sein Kontext und seine ursprünglichen Handlungsmotive überhaupt nicht verändert. Bei *jeder* Gelegenheit zu fragen »Wem mache ich eigentlich etwas vor?« ist eine wertvolle Praxis.

Einige Menschen sind voller Probleme. Andere scheinen überhaupt keine Probleme zu haben. Alle sind jedoch in einer Hinsicht gleich, nämlich, dass sie dem Ego unterliegen. Und in dieser relativen Welt liegt ein ganzes Meer von Erfahrungen zwischen der Welt des Ego und dem Willen Gottes. Du musst die Selbsterforschung schon sehr lange praktizieren, bevor du wirklich ein Gefühl dafür bekommst, worum es dabei geht. Für den Anfang wird der bloße Gebrauch des Satzes (»Wem mache ich eigentlich etwas vor?«) eine Menge verschiedener Reaktionen hervorrufen, die aber überwiegend auf einer oberflächlichen Ebene bleiben. Nach einigen Jahren wirst du anfangen, mehr und feinere Ebenen zu erreichen. Die Selbsterforschung wird dich auf eine Reise durch den Ozean der Erfahrung nehmen, der zwischen dem Ego und dem Willen Gottes liegt.

Während du dich selbst erforschst, wirst du eine ganze Unterwelt von Phänomenen entdecken. Sie kann durchaus schreckenerregend sein. Es ist sehr wichtig, dir dabei zu vergegenwärtigen, dass du dich durch diese Unterwelt *hindurch* bewegst, das, was du siehst, zur Kenntnis nimmst, aber nicht darin stecken bleibst, auch wenn du bisweilen das Gefühl hast, du ertrinkst oder wirst verschüttet. Selbsterforschung allein hat schon eine Wirkung, eine Kraft. Wenn man sie im Kontext einer Schule und unter dem Einfluss der spirituellen Tradition eines Lehrers benutzt, wird sie zu einem Floß auf dem Meer der Erfahrungen.

Der Satz »Wem mache ich eigentlich etwas vor?« bezieht sich auf die essentielle Natur des Göttlichen, die ständig von den Strategien des Ego zum Narren gehalten wird. Wenn wir fragen, wer in diesem Falle das »Wem« ist, wird es niemals funktionieren, weil nur das Ego herausfinden kann, wer da gemeint ist. Selbsterforschung ist eine Form, um uns endgültig zur Wurzel des Bewusstseins zu bringen, statt rational unsere psychologischen Dynamiken zu klären. Das wird ebenfalls geschehen, ist aber sekundär. Wenn du Einblicke in deine Psychologie gewinnst, heißt das noch lange nicht, dass die Selbsterforschung erfolgreich war. Das ist nur ein kleiner Teil davon. Treibe die Technik, so weit du willst. Der Körper weiß, wie viel er verkraften kann. Wenn du eine gewisse Menge an Eindrücken bekommst, verlangt der Körper seine Zeit, sie zu verdauen. So ist das nun einmal.

Solange das Leben aus der Dynamik der Dualität oder aus dem Subjekt/Objekt-Bewusstsein heraus gelebt wird, ist ununterbrochen eine Überlebensstrategie aktiv, jede Minute, selbst wenn du schläfst. In Wahrheit existiert jedoch die Möglichkeit einer Auslöschung des Wesens oder des Bewusstseins überhaupt nicht. Es ist unmöglich, nicht zu überleben. Daraus folgt, dass der Teil von uns, der unserer Überlebensstrategie folgt, immer der genarrte ist.

Die Selbsterforschung, so wie ich sie empfehle, ist eine dualistische Methode. Sie erkennt das Paradox der Dualität an – obwohl wir keine gesonderte Existenz haben und tatsächlich niemals haben können, tun wir so, als seien wir völlig losgelöst. Dennoch beleben wir unsere Überlebensstrategie immer wieder aufs neue. »Wem mache ich eigentlich etwas vor?« ist eine praktische Methode, für eine dualistische Welt, wie wir glauben, dass sie sei, für die »Welt«, in der wir zu arbeiten haben. Wie Jesus gesagt hat, geht es darum, »dem Kaiser zu geben, was des Kaisers ist, und Gott, was Gottes ist«. Kontext und Zusammenstellung unserer gesamten Praxis müssen in der praktischen Erkenntnis des Paradoxes der Inkarnation gründen: Wir sind Geist, im Fleisch lebendig.

Selbsterforschung, wenn sie, falls nötig über Jahre hinweg, auf die richtige Weise eingesetzt wird, kann einen Menschen direkt auf den Ursprung der Überlebensstrategie des Ego stoßen. Jedes einzelne Element des Bewusstseins wird dir enthüllt. Nachdem du alles beobachtet hast, besteht der nächste Schritt einfach darin, zu sein – ein Zustand, in dem es keine Beobachtung, keine Analyse, keine Enthüllung über irgend etwas mehr gibt. Das ist der Zustand der Non-Dualität. Das ist der »Geist, der keine Schlüsse zieht«.

Wenn wir uns mit spiritueller Arbeit befassen, haben wir die Möglichkeit, die persönliche Identifikation mit jedem geistigen Eindruck, der in uns entsteht, aufzulösen. Es ist möglich, nicht mehr jeden Eindruck, der auftritt, als gut oder schlecht zu definieren und aufzuhören, die »schlechten« verändern zu wollen, denn sie werden niemals versiegen. Selbst wenn es dir gelingt, mit all den Eindrücken, die du in diesem Leben aufgenommen hast, fertigzuwerden, bleiben dir, falls es tatsächlich eine Reinkarnation gibt, immer noch die gesammelten negativen Eindrücke aus all deinen anderen Leben. Es ist sehr wichtig, eines zu verstehen: Wenn Gott alles ist, was es gibt, und wir alle innerlich miteinander verbunden sind, dann wäre es ohne übermenschliche Fähigkeiten überhaupt nicht möglich, herauszufinden, ob die Eindrücke, die deinen Geist durchlaufen, deine eigenen oder die eines anderen sind. Wenn man bedenkt, dass es auf diesem Planeten knapp sieben Milliarden Menschen gibt, sind das eine Menge Eindrücke. Wenn wir nicht einmal unsere eigene Psyche reinigen können, ist es lächerlich anzunehmen, wir könnten mit den gesammelten psychischen Eindrücken anderer riesiger Kulturen fertigwerden, von denen wir so gut wie nichts wissen. Psychologische Arbeit hat ihren Wert, aber sie ist buchstäblich ohne Ende. Der »Geist, der keine Schlüsse zieht« ist immer noch die beste Alternative. Der indische Weise Nisargadatta Maharaj sagte, psychologische Arbeit könne zwar aus einem schlechten Ego ein gutes machen, aber weiter nichts.

Es gibt etwas, was man das »spirituelle Herz« nennt. An diesem Punkt berührt sich der Schein individueller Existenz mit der Ebene, auf der es keine Trennung gibt. Dort gibt es eine Quelle aller Gedanken, aber keine Möglichkeit, diese Gedanken auf irgendetwas Bestimmtes zurückzuführen. Der Punkt, aus dem alle Gedanken entstehen, ist gleichzeitig die Quelle des gesamten Universums, und das Erreichen dieses Punktes ist das Ziel vieler spiritueller Praktiken.

DER KÖRPER WEISS

Wenn man erklären will, was es mit dem »Geist, der keine Schlüsse zieht« auf sich hat, kann man auch sagen: »Der Körper weiß«. »Was weiß er denn?« möchtest du vielleicht fragen. Diese Frage reflektiert an sich schon eine Schlussfolgerung. »Der Körper weiß« bedeutet nichts anderes als das, was es heißt, ohne Wenn und Aber. Der Körper weiß.

Der Körper weiß, aber gleichzeitig hat er nur selten Gelegenheit, sein Wissen auszudrücken, weil der Geist darauf besteht, die totale Kontrolle über alle Elemente des Seins auszuüben. Wenn du die Selbsterforschung weitertreibst, wirst du vielleicht merken, dass du dich immer öfter in einer erhabenen Stimmung befindest, und denken, du machst allmähliche Fortschritte. Der Geist will alle möglichen Schlussfolgerungen aus dem ziehen, was er beobachtet.

Wenn du dir aller Veränderungen deines Körpers einfach bewusst sein könntest, ohne irgendeine analytische Beziehung zu ihnen zu haben, würde der Körper von selbst alle deine Fragen beantworten. Vielleicht nicht bereits morgen oder nächste Woche, aber der Körper würde deine Fragen beantworten, weil du es so willst.

Tatsächlich gibt es für jeden Menschen in Bezug auf alles nur eine richtige Antwort, aber für die meisten ist diese Antwort unakzeptabel. Unsere Unbeweglichkeit, unsere Konditionierungen, unsere Erziehung, unsere Vorurteile, unsere Neurosen, alle tragen dazu bei, sie unakzeptabel zu machen. Der Körper hat es nicht leicht, sich durch all diese Barrieren hindurch verständlich zu machen. Normalerweise kann er sein Wissen nur dadurch zum Ausdruck bringen, dass er uns eine noch intensivere Frage aufgibt als die Frage, die uns im Augenblick beschäftigt.

Es ist wie beim Heilen. Jemand, der ernsthaft erkrankt ist, kann eine Krisis haben, in der die Krankheit sich unmittelbar nach der Behandlung verschlimmert, um anschließend besser zu werden. Genauso ist es, wenn wir davon sprechen, was der Körper weiß und wie er es weiß. Der Körper wird unsere Frage noch vertiefen, statt sie leichter zu machen, und einige Menschen werden das als Krise empfinden, Schmerzen haben oder meinen, es sei so nicht richtig. Es ist jedoch am besten, darin eine Chance zu sehen. Selbst wenn es sich vorübergehend so anfühlt, als sei man noch stärker gespalten statt integriert, ist die natürliche Folge dieses Prozesses die Integration. Irgendwann wird der Geist in die anderen Wahrnehmungskanäle integriert sein. Er wird nicht mehr länger die kontrollierende Kraft sein. Er wird zwar immer noch Unterscheidungen treffen, aber die Unterscheidungen werden bedeutungslos sein, lediglich Kommentare. Keine Unterscheidung wird über oder gegen andere Unterscheidungen gestellt werden. Es wird nur Einheit geben.

Aber es gibt keinen schnellen Weg dorthin. Ich wünschte, es gäbe einen. Ich wünschte, es gäbe einen für euch, und um so mehr wünschte ich, es gäbe einen für mich.

V

LEHRZEIT IN DER

ARBEIT —

WAS MAN

BRAUCHT, UM IN

DEN KLUB EINZUTRETEN

Im »Klub« zu sein heißt, Gott zu dienen, dem vermeintlich höchsten Prinzip des Universums. Es ist daher nicht verwunderlich, dass die Nachfrage nach der Mitgliedschaft in diesem Klub der spirituellen Arbeit gleichbleibend hoch ist, ungeachtet aller Hindernisse.

Der Klub ist sehr exklusiv, aber nicht etwa weil seine Mitglieder etwas Besonderes wären. Er ist deshalb exklusiv, weil der Grad der Zerstörung, dem man im Klub ausgesetzt ist, buchstäblich so hoch ist, dass es kaum jemand aushalten mag. Man tritt nicht einfach in den Klub ein, weil man sich den Mitgliedsbeitrag leisten kann. Der Mitgliedsbeitrag ist für jeden anders. Jeder zahlt, so viel er muss, um hineinzukommen.

Trotz meiner Warnungen, trotz der ernüchternden Aussagen in allen großen Traditionen und trotz der Warnungen der Lehrer, die in dieser Arbeit alt geworden sind, meinen immer noch alle, dass es toll wäre »dazuzugehören«. Sie stellen sich offenbar vor, dass die Lehrer die Warnung nur aussprechen, um die Menschen davon abzuhalten, an all den guten Sachen, der Macht und den Vergnügungen, die im Klub zu haben sind, teilzuhaben.

Es gibt im Grunde keine Möglichkeit, sich die Mitgliedschaft zu verdienen oder sich einzukaufen. Es ist vielmehr so, als wenn ein großer Haken von Zeit zu Zeit jemanden vom Himmel herab am Kragen schnappt, um ihn in den Klub zu bringen. Es gibt keine Möglichkeit, durch etwas, was du selbst vollbringst, in den Klub zu kommen. Das Beste, was du tun kannst, ist, so nahe wie möglich am Klubhaus zu bleiben, um die Chance, irgendwann von dem Haken ergriffen zu werden, so groß wie möglich zu halten. Wenn du die Gelegenheit hast, Hilfskellner, Hausmeister oder Gärtner zu werden, dann ergreifst du sie ohne Zögern.

An der Arbeit teilzunehmen heißt, ihr nahe zu sein – so viel und sooft du kannst. Und »nahe sein« heißt nicht unbedingt auch körperlich anwesend zu sein – zu irgendeinem bestimmten Ort in ein bestimmtes Zentrum zu fahren –, sondern es heißt, das Herz in einer bestimmten Weise zu öffnen, ein Gefühl oder eine Stimmung zu wahren. Diese Öffnung des Herzens wird zu einer Art Leuchtzeichen, wie das Rotlicht, das eine Prostituierte ins Fenster stellt, um zu signalisieren, dass sie zu haben ist.

Was auch immer die Intelligenz ist, die das Wesen dessen ausmacht, was wir Gott nennen, irgendwann sieht sie das Licht im Fenster und schaut sich deine »Bewerbung« genau an. Irgendwann, wenn wieder einmal jemand in der

Arbeit gebraucht wird, bist du dran, wirst herausgezogen, so, wie ein Hühnchen aus der Hühnerschar herausgezogen wird, um geschlachtet zu werden, oder wie ein Fisch aus dem Teich geangelt wird, wenn er am Haken hängt.

Und das ist es dann.

Nun, da ihr wisst, dass es nichts gibt, was ihr tun könnt, um in den Klub zu kommen, lasst mich ausführen, wie man sich wenigstens in der Nähe des Klubhauses aufhalten kann.

ERSTENS:

INITIIERE DICH SELBST

Viele Menschen meinen, um eine spirituelle Arbeit zu beginnen, bedürfe es einer formalen Initiation, einer Einweihung. Ich erkenne dieses Bedürfnis jedoch nicht unbedingt an. Für mich sind formale Initiationen nicht so sehr der Eintritt in etwas wie die *Anerkennung* von etwas. Man bekommt von der Arbeit so viel, wie man hineingibt.

Du wirst ein Schüler, indem du deinen Willen und deine Bereitschaft bekundest, und dann warten wir ab, was passiert. Sicherlich werde ich bestimmte Übungen empfehlen, aber du fängst an, womit du willst. Mach langsam, einen Schritt nach dem anderen, und achte auf die Reaktion. Möglicherweise möchtest du mir schreiben und wirst auch eine Antwort erhalten. Ich werde dich nicht zu schnell springen lassen, auch wenn du sagst, dass du es willst. Du kannst versuchen zu springen, aber ich werde keine Übertreibung dulden, geschweige denn unterstützen. Es kommt sehr oft vor, dass Menschen in der Hitze der ersten Begeisterung mehr geben wollen, als ich für nötig erachte. Aber ich werde von niemandem mehr nehmen, als ich für vernünftig halte. So entsteht bereits eine Dynamik zwischen uns. Diese Art von Beziehung wird dir schnell eine Vorstellung davon geben, was es heißt, einer meiner Schüler zu sein. Dann kannst du entscheiden, ob es das ist, was du wirklich willst.

Es gibt eine enorme Anzahl von Hindernissen, bevor man wirklich zum Klub gehört. Mein Ziel ist, Menschen davon abzuhalten, etwas auf sich zu nehmen, bevor sie stark genug sind, es auch zu bewältigen. Sonst würden sie zerbrechen, und die Arbeit ist nicht daran interessiert, Menschen zu verbrauchen oder zu verschleißen.

Ich mache keine Initiation. Du machst sie selbst. Du nimmst bezüglich deiner Arbeit eine Position ein, beziehst Stellung. Das ist deine Initiation. Ich bin da, um dir zu helfen, deinen Standpunkt zu erkennen, ihn zu bestätigen oder zu verneinen, damit ins Zwiegespräch zu kommen. Aber du selbst musst es tun. Jeder initiiert sich selbst durch das, was er bereit ist, in die Arbeit zu investieren.

ZWEITENS:

NUTZE DEINE ZWEIFEL UND

FRAGEN

Du näherst dich dem Klub, indem du bereit bist, ernsthaft um Antworten auf Fragen zu ringen, die dich betreffen, oder Unstimmigkeiten zu klären, die du wahrnimmst. »Du bist doch auch nur ein Mensch, so wie wir, warum verbeugen sich die Leute vor deinem Bild?« Der Wert dieser Arbeit im Vergleich zu anderen Formen spiritueller Arbeit oder zum Yoga kann von jedem von euch nur so weit erkannt werden, wie er bereit ist, persönlich Stellung zu beziehen und die Fragen, die ihm kommen, einzusetzen, um für sich selbst zu klären, inwieweit meine Behauptung, eine Quelle wirklicher Hilfe zu sein, etwas vom Göttlichen zu vermitteln, einen Wert hat.

Fang einfach dort an, wo du bist. Nimm jede Öffnung, die du finden kannst, jede Gelegenheit, die dir gegeben wird, als Ausgangspunkt. Bewege dich so langsam und vorsichtig, wie du willst. Überstürze nichts.

Drittens:

Entwickle deine Urteilskraft

und kultiviere

deinen Hunger nach Echtem

Vor vielen Jahren gab es einen Zen-Meister, der nur eine einzige Art zu lehren kannte. Ganz gleich, welche Frage man ihm stellte oder aus welchen Umständen heraus man ihn um seinen Rat fragte, er erhob immer seine rechte Hand und streckte einen Finger in die Luft.

Der Meister war sehr populär und hatte eine Menge Anhänger, die ihm viele Geschenke, große Summen Geldes, Grundstücke und vieles mehr entgegenbrachten. Es geschah, dass einer seiner Schüler ihn eingehend beobachtete und sich entschloss, an seinem Reichtum teilzuhaben. Er sagte sich: »Nun, das ist ja eine ganz einfache Lehre. Jeder kann das. Vielleicht sollte ich es auch einmal probieren. Dann werde ich auch reich und berühmt, genau wie mein Lehrer.«

Also ging der Schüler in ein anderes Land und machte bekannt, dass er ein Lehrer sei. Jedes Mal wenn ihm jemand eine Frage stellte, hob er seinen Finger in die Luft, genau wie es sein Lehrer getan hatte. Schon bald begannen sich Menschen um ihn zu scharen und seine Schüler zu werden. Er begann, Reichtümer zu sammeln – eine große Gemeinde um sich zu scharen, einen riesigen Tempel zu errichten, und vieles mehr. Nach vielen Jahren war er immer selbstsicherer und arroganter geworden und entschloss sich, seinen alten Lehrer zu besuchen, um ihm vorzuführen, wie gut es ihm ging. In seiner Arroganz bildete er sich ein, dass sie nun einander ebenbürtig seien, über das Dharma diskutieren würden und sich einer an der erleuchteten Gesellschaft des anderen erfreuen würde.

Als er im Hause des alten Lehrers ankam, wurde er wohlwollend begrüßt. »Es ist gut, dich nach all den Jahren wiederzusehen,« sagte der Meister. »Wo bist du gewesen, und wie ist es dir ergangen?« Der Schüler, der sich selbst für höchst erhaben und klug hielt, lächelte seinen Lehrer an, erhob langsam seine Hand und streckte einen Finger in die Höhe. Daraufhin zog der Lehrer ein Messer aus der Tasche und schnitt, ohne zu zögern, den Finger des Schülers ab.

Blut spritzte überallhin. Der Schüler fing an, im Raum umherzurennen, und schrie hysterisch: »Mein Gott! Bist du verrückt geworden? Hast du sie nicht mehr alle? Du hast mir den Finger abgeschnitten. Was soll ich jetzt machen?«

Aber der Lehrer lächelte ihn einfach nur an, erhob seine Hand in der bekannten Geste und zeigte mit dem Finger. Nun, die Geschichte endet damit, dass der Schüler in diesem Moment die vollkommene Erleuchtung erlangte – was er ja schon immer gewollt hatte. Und sie lebten glücklich bis ans Ende ihrer Tage.

Wie bei allen Geschichten gibt es viele Ebenen, auf denen man diese Parabel interpretieren, und viele Überlegungen, die man darüber anstellen kann. Ich will nur einige erwähnen.

»Die beste Art, jemanden zu preisen, ist, ihn zu imitieren«. Dieser Satz ist die Basis für alle Wechsel der Moden, für Designer-Jeans, Sonnenbrillen und dergleichen. Aber die Sache bei der Imitation ist die – und das gilt wahrscheinlich auf der spirituellen Ebene genauso wie im Supermarkt –, dass jedes Ding seinen Preis hat, und man bekommt, wofür man bezahlt. Wenn etwas so aussieht wie etwas anderes, heißt das noch lange nicht, dass es auch dieselbe Funktion erfüllt. Es ist zwar möglich, aber vielleicht auch nicht. Es gibt zum Beispiel eine alte Fernsehshow in Amerika namens *Candid Camera*, die auch in Deutschland unter dem Namen »Verstehen Sie Spaß?« sehr populär ist. Zum Zwecke der Unterhaltung werden dabei ganz alltägliche Dinge auf seltsame Art verändert und nichtsahnende Menschen im Umgang mit diesen absurd veränderten Gegenständen mit versteckter Kamera beobachtet. In einem Fall hatte man den Motor aus einem Auto herausgenommen und das Auto, angetrieben von versteckten Elektromotoren, an eine Tankstelle gefahren. Der Fahrer des Wagens hatte den Tankwart (der dabei gefilmt wurde) gebeten, nach dem Öl zu sehen. Er öffnete die Motorhaube des Wagens, und es verschlug ihm völlig die Sprache. Es war kein Motor darunter –

bei einem Auto, das vor wenigen Minuten vor seinen eigenen Augen auf die Tankstelle gefahren war!

Auch wenn das Auto genauso aussah wie ein Auto mit Motor, kann man trotzdem nicht sagen, dass es sich um ein echtes Auto handelte. Um den Unterschied zu sehen, muss man jedoch hineinschauen. Oft ist der Unterschied zwischen einer Schule oder einer Struktur, in der die wirkliche Arbeit erhältlich ist, und einer Schule, in der es lediglich eine Menge Erfindungsreichtum und schlagfertiges Denken gibt, an der Oberfläche nicht offensichtlich. Man muss erst »unter die Haube« schauen, um zu erfahren, ob das Wesentliche vorhanden ist. Und es gibt nicht viele Leute, die dazu bereit sind.

Bei dem Beispiel des Schülers, der den Finger abgeschnitten bekommt, handelt es sich, oberflächlich betrachtet, um eine sinnlose Gewalttat des Lehrers. Es war jedoch die Gewalttat, durch welche der Schüler zur Erleuchtung gelangte. Darüber hinaus konnte er nun, da er wirklich erleuchtet war, auch wieder zurück zu seinen Schülern gehen und die authentische Lehre verkörpern, die zu besitzen er vorher nur vorgegeben hatte. Nun würde alles anders sein, selbst wenn die Dinge genauso aussahen. (Und da die Menschen überall gleich sind, haben wahrscheinlich die meisten Schüler, als sie spürten, dass irgend etwas anders war als vorher, ihn sofort verlassen und dafür verflucht. Anschließend haben sie sich wieder auf die Suche nach einem »echten Lehrer« gemacht, nach jemandem, der nach ihrer eigenen Definition »erleuchtet« ist.)

Der zweite Kernpunkt dieser Geschichte ist, dass Veränderungen der äußeren Form oft auf eine Weise provokativ sind, dass die gewöhnlichen Erwartungen der Menschen in eine völlig andere Richtung gelenkt werden. Meher Baba wurde als junger Mann von seiner Lehrerin auf die Stirn geküsst. Das katapultierte ihn sechs oder sieben Monate lang in vollkommene non-duale Ekstase. Dann ging er zu einem anderen Lehrer, und dieser warf mit einem Stein nach ihm. Der Stein traf ihn an genau derselben Stelle, an der die Lehrerin ihn geküsst hatte. Das setzte einen Prozess in Gang, in dem die funktionslose Ekstase in eine funktionierende Lehrtätigkeit integriert werden konnte. Schock kann der vitalste Katalysator für Veränderung sein.

Wahrscheinlich wären viel mehr Leute von meiner Lehre angezogen, wenn ich herumgehen und lehren würde, wie man die erleuchteten Meister, die nicht mehr unter uns sind, spiritistisch durchgeben, »channeln«, kann. Man stelle sich vor, wie interessant und aufregend das wäre. Die Luft würde von der Begeisterung der Menschen knistern. An solchen Effekten bin ich jedoch nicht interessiert. Nicht, dass ich etwas gegen Begeisterung hätte – solange das, was damit berührt wird, das Sein ist, nicht eine Faszination an Phänomenen.

Jeder, der in diesen Klub eintreten will, braucht einen echten Hunger, nicht nur das Bedürfnis, abgelenkt und zufriedengestellt zu werden.

Viertens:

»Lehrjahre sind keine

Herrenjahre«

Sich diesem Klub anzuschließen ist etwas Ähnliches, als wenn man bei einem Handwerksmeister eine Lehre beginnt. Wenn ein Meister einen Lehrling nimmt, wird er nur jemanden akzeptieren, der die körperliche Fähigkeit bewiesen hat, sein Handwerk zu meistern. Der nächste Schritt ist, durch Arbeit und Prüfungen herauszufinden, ob die Person auch die nötige Disziplin, Integrität und Ausdauer besitzt.

Es ist dasselbe, wenn man in diese Arbeit eintritt. Niemand wird als Schüler akzeptiert, der nicht das Potential in sich trägt, dem Meister ebenbürtig zu werden. Darüber hinaus ist jedoch die unmittelbare Frage, ob du mitbringst, was die Arbeit erfordert: hauptsächlich Durchhaltevermögen, Opferbereitschaft, die Fähigkeit, dich völlig hinzugeben, und wirkliche Belastbarkeit. Diese Arbeit wird im fortgeschrittenen Stadium ebenso viel von dir erwarten, wie du von ihr erwartest.

Ein Mann, der in Japan Aikido studiert hatte, erzählte mir eine Geschichte über seinen Freund, einen der höchsten westlichen Meister in der Praxis des Kyudo, des Zen-Bogenschießens. Die Geschichte handelte von der Zeit, als er sich der Prüfung für den dritten Grad im Kyudo unterzog. Um diese Geschichte zu verstehen, muss man wissen, dass der Kontext des Übens im Orient vollkommen anders ist als im Westen. Man erwartet von einem Schüler, dass er sich erst für eine Prüfung anmeldet, wenn er absolut sicher ist, dass er sie auch bestehen wird. Zu scheitern ist eine Beleidigung und eine Respektlosigkeit gegen den Lehrer. Zu scheitern heißt nicht, dass der Schüler ein schlechter Schüler ist, sondern dass der Lehrer ein schlechter Lehrer ist. Der Respekt für den Lehrer ist ein unerlässliches Element jeder Lehre.

Für die Prüfung des dritten Grades mussten drei Pfeile sehr schnell hintereinander abgeschossen werden, und alle drei mussten exakt im selben Ziel landen. Der westliche Schüler hatte sehr hart trainiert, besonders weil es bereits sein zweiter Anlauf für die Prüfung war. Das erste Mal hatte er das Ziel zweimal getroffen, aber mit dem dritten Pfeil danebengeschossen. Aber bei der zweiten Prüfung war er erfolgreich. Alle drei Pfeile landeten direkt im Ziel, voll ins Schwarze. Mit einem Seufzer der Erleichterung entspannte sich der Schüler, schaute den Meister an und erwartete ein zustimmendes Lächeln.

Aber der Meister schaute verärgert drein und schüttelte seinen Kopf. Der Schüler war zuerst schockiert und dann ein wenig verärgert. Er verstand nicht, warum er die Prüfung schon wieder nicht bestanden hatte, und fühlte Reue, weil er seinem Lehrer gegenüber respektlos war. Er war wütend, sowohl auf den Lehrer als auch auf sich selbst. Also fragte er den Meister: »Was habe ich falsch gemacht?«. »Du hast den dritten Schuss abgegeben,« sagte der Lehrer »und dann hast du dich zurück in deine Position begeben, aber dein Bogen war nicht nahe genug am Boden. Du warst zwanzig Zentimeter zu hoch über der Erde.«

»Das hast du mir niemals gesagt,« entgegnete der Schüler, »du hast es mir niemals erklärt.« Der Lehrer schaute sehr verärgert und ungeduldig drein und sagte: »Nun, ich kann dir nicht alles erklären. Du hast aufmerksam zu sein.«

Der Schüler erkannte, dass das richtig war, und bestand die Prüfung beim dritten Anlauf.

Hier in diesem Klub, in dieser Lehrzeit, ist es sehr ähnlich. Die meisten Elemente der Arbeit erhältst du, indem du aufmerksam bist, nicht indem du spezifische Anweisungen entgegennimmst.

FÜNFTENS:

SEI BEREIT, HILFE ZU EMPFANGEN

Ob ihr es glaubt oder nicht, es war für mich ebenso schwer, diesen Punkt zu erkennen, wie es für einige von euch sein wird. Es gibt Menschen, die mir in meinem Leben eine direkte Form von Hilfe gewähren. Wir befinden uns auf derselben Ebene, und trotzdem erkenne ich an, dass ihre Erfahrung in dieser Arbeit umfassender ist als meine eigene. Ich bin mittlerweile sehr dankbar dafür, dass ich meine Verantwortung mit anderen teilen kann. Aber am Anfang konnte ich die Hilfe noch nicht so bereitwillig annehmen. Ich dachte, ich sei ein großer Lehrer, wüsste alles und hätte es nicht nötig, jemals von jemand anderem Hilfe anzunehmen. Aber dann wurde die Hilfe notwendig. Jeder hat Hilfe nötig. Wenn du in den Klub eintrittst, wirst du allein dastehen, aber allein dazustehen heißt nicht, keine hilfreichen Beziehungen zu haben.

Es sollte angesichts der im Laufe der Jahrtausende teilweise bis zur Unkenntlichkeit verstümmelten Lehren von

Christentum, Islam und Hinduismus offensichtlich sein, dass ohne eine lenkende Kraft, die im Leben der Menschen gegenwärtig ist, die Möglichkeiten der Fehlinterpretation einer ursprünglichen Lehre nahezu unbegrenzt sind.

Ich habe beobachtet, dass eine Lehre, wenn sie nicht durch einen lebenden Repräsentanten verkörpert wird, so offen für Fehlinterpretationen ist, dass es fast unmöglich ist, wirklich zu wissen, was der Lehrer zu vermitteln versucht hat.

Ich werde als Guru hingestellt, was möglicherweise sowohl anmaßend als auch arrogant ist und sicherlich bei vielen Menschen Widerstände hervorruft. Aber die Erfahrung hat gezeigt, dass die Hilfe eines lebenden Menschen wesentlich mehr bedeutet, als das, was durch Schriften oder Erzählungen über Menschen vermittelt werden kann, die längst gestorben sind. Ich halte es daher für vollkommen integer, diesen Prozess fortzuführen. Ich spiele diese Rolle und erlaube meinen Schülern, diese Struktur noch zu verstärken. Du solltest wissen, dass ich dies nicht mit einem Gefühl von Freude und Dankbarkeit tue, sondern eher zögernd und in dem deutlichen Bewusstsein der möglichen Schwächen und Gefahren dieses Systems.

Ich weiß, dass die Umstände sicherlich eine Hierarchie begünstigen und dass einige Menschen das Gefühl haben, es gibt Unterlegene und Überlegene. Auch dagegen habe ich nichts einzuwenden. Um es ganz offen zu sagen: Ich habe mein Lehrgeld bezahlt und ihr noch nicht. Ich bin der Lehrer. Ich mache die Regeln. Ich habe die Bücher geschrieben. Ich bestimme, was hier vor sich geht. Und wenn ihr damit Schwierigkeiten habt – schade. In Stammesgesellschaften, in denen die Dynamik des Ego nicht so absurd definiert ist wie in der westlichen Welt, werden Unterschiede bei der Arbeitsteilung innerhalb der Gemeinschaft stillschweigend akzeptiert. Es ist dort offensichtlich, wer für welche Aufgabe am besten geeignet ist. Daran ist überhaupt nichts problematisch.

Fragen der Ebenbürtigkeit, der Guru-Schüler-Beziehung, übergeordnet und untergeordnet, können nur durch eine Wandlung der Ego-Struktur gelöst werden, nicht durch verbale Qualifikation. Und das ist harte Arbeit.

Ich bin sehr kritisch gegenüber Menschen, die sich aufgrund der damit verbundenen Schwierigkeiten keinem lebenden Lehrer anvertrauen. Wie können wir am Ego arbeiten, wenn das Ego selbst definiert, welche Elemente der Arbeit an erster Stelle stehen? Es ist unmöglich.

Es ist heute bei vielen Menschen populär zu sagen: »Ich bin mein eigener Guru. Alles, was ich brauche, ist in mir selbst.« Dem würde ich zustimmen, aber gleichzeitig widersprechen.

Alle fehlgeleiteten kulturellen Äußerungen basieren auf einem instinktiven Erkennen dessen, was wahr ist. Die Filter der persönlichen Überlebensstrategie bestimmen, auf welche Weise die Erkenntnis im Leben zum Tragen kommt. Daher ist der Satz, dass unser wirklicher Lehrer in uns sei – dass wir alles haben, was wir brauchen, und es nur hervorholen müssen – die instinktive Erkenntnis der philosophischen Wahrheit, dass es nichts gibt außer Gott. Jemand, der das sagt, lebt jedoch innerhalb einer Blase der Isolation. Seine eigene Definition schließt jegliche Hilfe aus. Der Filter, durch den diese typische New Age-Ideologie geschaffen wurde, lautet folgendermaßen: »Wenn ich vorgebe, dass ich bereits bin, was ich anstrebe, und es fest genug glaube, wird dies ein absoluter Schutz davor sein, gegenüber jemand anderem oder irgendeiner Form von Hilfe jemals wirklich verletzlich oder offen zu sein.«

Angesichts unseres großen unsichtbaren Helfers, der Zeit, sowie der richtigen Umstände wird jeder Mensch, der einigermaßen ehrlich sich selbst gegenüber ist, erkennen und zugeben müssen, dass der innere Lehrer nicht funktioniert. »Er« liefert vielleicht schnelle Antworten, womöglich sogar richtige, aber er vermag nicht, Ego-Leid in Mitgefühl zu transformieren. Genau das ist es jedoch, was ich zu bieten habe.

Mitglied im Klub zu werden bedeutet, bereit zu sein, von mir als Lehrer Gebrauch zu machen. Es bedeutet, dass du lange genug dabeibleibst, um ein Gefühl dafür zu bekommen, was wirklich vor sich geht. Dabei werde ich es jedoch niemandem leicht machen. Ich kann sehr sanft und feminin handeln, empfänglich, fürsorglich und einfühlsam, aber das hat nichts damit zu tun, worauf ich es abgesehen habe. Ich versuche, jeden einzelnen dazu zu bewegen, die Schleier, die vor ihm aufgezogen sind, zu zerreißen. Ich möchte, dass jeder eifrig sucht, was hinter den Schleiern verborgen ist.

Ich glaube, es ist etwas durchaus Bedeutendes hinter den Schleiern, etwas, was frei ist von menschlichen Voreingenommenheiten und Vorurteilen. Wenn du mich kennenlernst, wird es dir selbst überlassen bleiben, zu entscheiden, ob das stimmt.

Wer mit meiner Lehre in Berührung kommt, durchläuft häufig eine bestimmte Abfolge verschiedener Wahrnehmungen. Die erste ist eine oft sehr heftige Reaktion auf vermeintlich patriarchalische Strukturen. Das liegt durchaus in meiner Absicht. Die zweite Ebene von Wahrnehmungen, die manchmal ziemlich lange auf sich warten lässt, ist, dass ich in Wirklichkeit das Weibliche, nicht das Männliche repräsentiere.

Darüber hinaus, weit darüber hinaus, gibt es die Erkenntnis, dass mein Wert als Lehrer etwas mit der Möglichkeit jedes einzelnen zu tun hat, ein Tor zu öffnen, durch das man in vollkommene non-duale Realität gelangen kann. Um jedoch durch das Tor der Non-Dualität zu gehen, muss man zuerst die Initiationen der männlichen und weiblichen Polaritäten durchlaufen.

Der Grund, aus dem ich anfangs eine sehr genau definierte patriarchale Energie präsentiere, liegt darin, dass ich Schüler will, die nicht leicht zu Anhängern werden. Ich möchte keine Armee von Frauen um mich haben, die bereit sind, für die Sache zu sterben. (Diese Vorstellung ist dir vielleicht ziemlich fremd, weil du glaubst, dass dir so etwas nie passieren kann. Aber ich habe herausgefunden, dass befreite Frauen, Feministinnen, wenn sie für eine Sache »sterben«, und sei es eine Sache, die scheinbar so antagonistisch ist wie die Gesellschaft eines männlichen Lehrers, sehr leicht militant werden. Nicht einmal eine Atombombe könnte sie von ihrer festgefahrenen Meinung abbringen, weil die gesamte feministische Bewegung nicht so sehr eine Bewegung für die Weiblichkeit, sondern eine Reaktion gegen männliche Dominanz ist.)

Sechstens:

Weigere dich, ein Nachfolger

zu sein

Ein Nachfolger ist jemand, der die Gedanken und Ideen, die mit einer spirituellen Schule oder einem spirituellen Lehrer verbunden sind, mag und bereit ist, alles für diese Gedanken und Ideen zu tun, aber keine entsprechende Resonanz im Körper hat. Nachfolger sind daher sehr gefährliche Menschen, weil sie überhaupt kein Gefühl für die Auswirkungen eines intensiven energetischen Zusammenspiels haben. Sie sind wie Lemminge, bereit, sich ohne Grund von der Klippe zu stürzen, ohne nachzudenken, nur weil sie einer bestimmten Vorstellung anhängen. Sie werden für ihre Sache sterben und haben daher eine starke Tendenz, zu Fanatikern zu werden.

In Amerika habe ich Aufkleber an Autos gesehen, auf denen stand: »*The Bible said it, I believe it, and that's it!*« (»Die Bibel hat's gesagt. Ich glaube es. Das ist alles.« Für mich klingt das sehr nach der Inspiration eines fundamentalistischen Christen.) In meinen Ohren deutet so etwas auf eine sehr gefährliche Persönlichkeitsdynamik, die in einigen Spielarten der spirituellen Arbeit beobachtet werden kann. In dieser Hinsicht gibt es einen sehr feinen Grat, auf dem man sich bewegen muss. Wenn ich am Anfang meiner Arbeit nicht einige Elemente der Schwärmerei oder Neigungen zum Übertreiben dulden würde, hätte ich so gut wie keine Schüler. Vielleicht überhaupt keine. Trotzdem bin ich mir sehr wohl im klaren darüber, wie diese Dynamik funktioniert, und es ist mir keineswegs wohl dabei. Wenn ich bei jemandem beobachte, dass er aus dieser Nachfolgermentalität heraus handelt, mache ich es ihm deutlich und sage ihm klipp und klar, dass er seine Einstellung ändern muss. Gurdjieff, dessen Lehre ich sehr schätze, war extrem allergisch und streng gegen diese Nachfolgermentalität. Folglich hatte er zu Lebzeiten nur eine sehr kleine, aber starke Schar von Schülern. Je mehr man sich der Arbeit nähert, desto weniger Raum bleibt für solche Spielereien.

Man kommt dem Herzen der Arbeit nicht näher, wenn man mir physisch näherkommt, sondern indem man etwas in seiner eigenen Präsenz, seiner eigenen Arbeit bewirkt.

Ein Schüler ist im Gegensatz zu einem Nachfolger bereit, an der Arbeit so, wie sie der Lehrer definiert, teilzunehmen. Dabei wird es durchaus offene Fragen geben, und gelegentlich mag es auch an Vertrauen in den Lehrer mangeln. Ein Schüler spürt, dass die Schule einen bestimmten Wert darstellt, und möchte herausfinden, was dieser Wert in seinem eigenen Leben für einen Platz hat. Mit der Zeit entwickelt sich größeres Vertrauen, größerer Respekt für den Lehrer und mehr Bereitschaft mitzumachen.

Neben dem Nachfolger und dem Schüler gibt es noch den »Devotee«, den Jünger, der erkannt hat, dass der Lehrer das Tor zu Gott ist. Er ist bereit, alles zu tun, was nötig ist, um durch das Tor zu gehen. Ein solcher Jünger trägt möglicherweise noch ein großes Maß von Konflikten bezüglich des Stils oder der Form der Arbeit des Lehrers mit sich herum, möglicherweise sogar bezüglich der Umwelt, in welcher der Lehrer lebt, dennoch kann er ein »Devotee« sein.

Die Frau, die *Beelzebubs Erzählungen für seinen Enkel*, eines der Hauptwerke Gurdjieffs, ins Englische übersetzt hat, lebte mit ihm in Frankreich, als sie noch sehr jung war.

Sie war knapp über zwanzig und sehr attraktiv. Ständig hörte sie Geschichten über Gurdjieffs unmoralischen Lebenswandel, wie er mit den meisten Frauen, die ihm begegneten, ins Bett stieg. Sie selbst schien dabei jedoch die große Ausnahme zu sein. Er behandelte sie mit außerordentlichem Respekt, voller Galanterie und Feingefühl. Die Geschichten kamen ihr immer unglaubhafter vor. Eines Tages sprach sie Gurdjieff auf diese Gerüchte an. »Ist das wahr? Was hat es zu bedeuten?« Seine Reaktion bleibt unvergesslich. Er sagte: »Alle meine Sünden sind an der Oberfläche« und fuhr dann fort zu erklären, dass die Essenz und die Integrität seiner Lehre vollkommen unberührt von seinem augenscheinlichen Verhalten sei. Viele Schüler stießen dort an eine Grenze und verließen ihn. Diejenigen aber, die über sein Verhalten hinwegsehen konnten, fanden etwas Unbezahlbares, etwas, was zu der Zeit nirgendwo anders zu finden war.

Ein *Devotee* erkennt als allererstes die Arbeit, während der Lehrer lediglich als Vermittler dieser Arbeit gesehen wird. Er wird alles tun, was notwendig ist, um die Arbeit in sein Leben zu integrieren.

Es gibt jedoch keine allgemeingültigen Zugänge zur Arbeit, nur menschliche. Ein Mensch wird »*Devotee*« genannt, weil er eine ehrfurchtsvolle Beziehung zu einem anderen Menschen hat, der für ihn die Funktion eines Tores zum Göttlichen hat. Es tut mir leid, euch mitteilen zu müssen, dass Wolken keine Tore zum Göttlichen sind. Ebenso wenig wie der Schwarzwald. So wunderbar er sein mag, ist er doch kein Tor zum Göttlichen.

Offensichtlich gibt es eine Menge sogenannter »Lehrer«, die selbst keine Tore sind, aber ihre Schüler trotzdem »*Devotees*« nennen. Echte, verwirklichte Lehrer sind nicht so häufig. Ob ich ein solches Tor zum Göttlichen bin, muss jeder von euch für sich selbst entscheiden. Und das wird einige Zeit und Aufmerksamkeit brauchen.

Auch wenn ich nicht dein Lehrer bin, kann die Zeit, die wir zusammen verbringen, dennoch sehr nützlich für dich sein. Jeder echte Lehrer kommuniziert Dinge, die von jedem anderen echten Lehrer ebenfalls verwendet werden können. Was wir zusammen tun, wird dann für dich verfügbar sein, wenn du deinen Lehrer findest.

So oder so, auf jeden Fall brauchst du einen Lehrer. Das Ego ist sehr schlau. Es erfindet unzählige Ausreden, um das Bedürfnis nach wirklicher Hilfe zu umgehen. Wir brauchen einen objektiven leitenden Faktor, um uns auf dem Weg zu halten. Die meisten Menschen machen sich bis in ihre Todesstunde selbst vor, dass sie alles im Griff haben. Aber dann ist es zu spät. Du musst jetzt anfangen. Die Arbeit wartet auf niemanden. Wenn du mit der Arbeit nicht mithältst, wird sie dich einfach überrollen wie eine Dampfwalze.

SIEBTENS:

NUTZE, WAS DER LEHRER ZU

BIETEN HAT

Für mich ist das Leben nicht wert, um jeden Preis erhalten zu werden. Wenn mein Leben nicht von einer sehr verfeinerten Qualität von »Nahrung« aufrechterhalten würde, dann wäre ich sehr schnell nicht mehr da. Es spielt für mich wirklich keine Rolle. Meine Beziehung zu meinen Schülern, meiner Familie, meiner Mutter (einer außerordentlich lebhaften Person), muss mehr sein als eine »nette« Gesellschaft, in der man sich gut versteht und die irgendwie »gut tut«. Wenn Menschen für jene besondere Gegenwart nicht empfänglich sind und nicht bereit, sich wirklich dafür zu engagieren, dann zur Hölle mit ihnen. Sie können sehr gut ohne mich auskommen. Ich bin nicht interessiert an Menschen, die mich »brauchen«. Lass sie gehen und jemand anders brauchen. Jemand zu brauchen ist leicht. Ein Meister ist lediglich daran interessiert, *genutzt* zu werden.

Drei Dinge sind erforderlich für Menschen, die von dem Gebrauch machen wollen, was ein Meister zu bieten hat. Das erste ist die Absicht. Du musst es wollen. Da die meisten Menschen es ziemlich ernst meinen, wenn sie sich dieser Arbeit nähern, ist Absicht also fast immer gegeben.

Das zweite ist Disziplin, Wille und Aufmerksamkeit. Alle drei Begriffe können auf dieselbe Weise verwendet werden. Wenn jemand *denkt*, er sei ein großer spiritueller Held, heißt das noch gar nichts. Du musst die Fähigkeit haben, mit dem, was du bekommst, tatsächlich etwas zu tun. Das ist nicht leicht, weil viele Menschen, so sehr sie auch das Bedürfnis haben mögen zu arbeiten, einfach zu schwach sind durchzuhalten.

Die dritte Qualität ist die körperliche Fähigkeit, mit dem fertigzuwerden, womit man konfrontiert ist, wenn man arbeitet. Wenn bereits in den Anfangsphasen der spirituellen Arbeit emotionale und körperliche Sicherungen anfangen durchzubrennen oder das Nervensystem zuerst Fehlzündungen und anschließend einen Kurzschluss hat, dann ist das nicht gerade nützlich für den Prozess.

Je mehr die genannten Eigenschaften in jedem einzelnen vorhanden sind, desto mehr erkenne ich seine Fähigkeit, die wirkliche Bedeutung dieser Arbeit zu fühlen, und desto weniger Informationen werde ich ihm geben. Die Gelegenheit, diese Eigenschaften unter Beweis zu stellen, bekommt man dann irgendwann einfach in den Schoß gelegt. Entweder man macht Gebrauch davon oder nicht. Eine Gebrauchsanleitung werde ich jedenfalls nicht liefern.

Es ist jedoch wichtig zu wissen, dass meine Fähigkeit, jemandem genau das zu geben, was er für seine spirituelle Arbeit braucht, weder auf psychologischen Beobachtungen noch auf theoretischen Überlegungen beruht. Es geschieht rein instinktiv. Es gibt von meiner Seite keinerlei intellektuelle Vorbereitung für das, was zwischen mir und einem einzelnen oder einer Gruppe stattfindet, wenn ich mit ihnen arbeite.

Der Wert eines Lehrers liegt nicht in der Fachkenntnis bei der Analyse von Charaktertypen oder Temperamenten und nicht im »Spiel mit der Maschine«. Wenn ein Lehrer nicht ausschließlich dem verpflichtet ist, was ich den »göttlichen Einfluss« nenne (jeder Lehrer hat seine eigenen Begriffe dafür), wenn er keine transzendente Präsenz trägt oder übermittelt, dann hat es überhaupt keinen Wert, wenn er die Knöpfe anderer Leute drückt.

ACHTENS:

ENTWICKLE EIN GEFÜHL

FÜR DIE RESONANZ

MIT DEM GÖTTLICHEN EINFLUSS

Die Ebene der dualistischen Wahrnehmung ist im Vergleich zur Ebene der All-Verbundenheit, der bereits gegenwärtigen Einheit, so unterschiedlich wie Tag und Nacht. Es gibt jedoch einen Lösungsweg zwischen diesen beiden Ebenen, der sie integriert, bis schließlich Paradox und Konflikt zwischen Dualität und Non-Dualität aufgehoben sind. Diese Chemie oder Dynamik der Integration bezeichne ich als den »göttlichen Einfluss«.

Der göttliche Einfluss kann die Kluft zwischen der Ebene des Göttlichen und der Ebene des Gewöhnlichen nicht überspringen. Man braucht eine Brücke. Diese Brücke ist der spirituelle Meister. Er ist buchstäblich die Brücke zwischen der göttlichen und der gewöhnlichen Ebene.

Viele Menschen fragen, ob die Brücke ein Mensch sein muss, oder ob es einfach Kräfte der Natur oder irgend etwas anderes sein können. Ich sage, dass es ein Mensch sein muss, weil alle Menschen etwas brauchen, das eine ähnliche Chemie wie sie selbst hat, um sich am Göttlichen auszurichten. Paradoxerweise ist der Lehrer weder vollständig menschlich noch vollständig göttlich, aber er hat einen Fuß auf beiden Ebenen. Irgendwo auf dieser Brücke befindet sich der Weg, auf dem andere hinübergehen können.

Für das ungeübte Auge sieht es so aus, als würde der Lehrer Schüler sammeln, um sich damit wichtig zu tun. Es ist verständlich, wenn jemand diesen Eindruck hat. Tatsächlich ist der spirituelle Meister das Medium, durch welches das Bewusstsein einer Person hindurchgehen muss. Er ist ein »chamber«, eine Kammer, in der die Auflösung zwischen der dualistischen und der non-dualistischen Ebene stattfindet.

Wenn du mit einem Lehrer studierst, egal mit welchem, dann ist es wichtig, dass du ein *Gefühl* für seine tatsächlichen Absichten bekommst. Es hat keinen Sinn, sich anhand des Lebenswandels eines Lehrers für oder gegen ihn entscheiden zu wollen. Es gibt zahlreiche historische Beispiele für außerordentlich einflussreiche spirituelle Meister, deren Lebenswandel offensichtlich alles andere als spirituell, moralisch oder beständig war. Gurdjieff, den ich bereits erwähnte, ist nur ein Beispiel unter vielen. Es gibt große Lehrer, die Alkoholiker, Drogensüchtige, sexuelle Wüstlinge, Lügner und Diebe waren. Einige waren sogar gewalttätig. Dies spielt keine Rolle.

Oft können die Elemente dessen, was einige Lehrer »Mitgefühl« nennen, in der Tat sehr grausam erscheinen. In dem Fall musst du dich von deinem Gefühl für das leiten lassen, was der Lehrer tut, bevor du ein Werturteil über die Form dessen, was er äußerlich darstellt, fällen kannst. Informationen sind nützlich, aber noch nützlicher ist das instinktive Gefühl für das Wesen der Arbeit, und die Bereitschaft, die volle Verantwortung für sie zu übernehmen, unabhängig davon, ob du sie verstehst oder nicht.

»Verständnis«, so sagte Werner Erhard »ist die ›Goldene Zitrone‹« (die höchste Auszeichnung für den schlechtesten Beitrag).

Für die meisten Menschen ist es ein Gewinn, wenn sie verlieren. Wenn das Ego in Beziehung zu Gott verliert, gewinnt es für sich selbst. Ein Leben, das vollkommen auf den Intellekt gegründet ist, definiert sich durch die Machenschaften des rationalen Geistes statt durch die Stimmung des Körpers. Wenn du dich in die spirituelle Arbeit begibst, wird dein Verstand nicht aufhören zu arbeiten, aber er wird aufhören, dich so zu dominieren, wie er das jetzt tut.

Jetzt hast du es. Du weißt alles darüber, wie schwer diese Arbeit ist und warum die meisten Menschen nicht wissen, worauf sie sich einlassen und welche Fettnäpfchen auf ihrem Weg liegen. Pass auf, wo du hintrittst. Einem geschenkten Gaul schaut man nicht ins Maul, das heißt, du solltest die Gelegenheit ergreifen, aber dich nicht gleich kopfüber hineinstürzen. Das ist alles. Ich bleibe dabei – was vielleicht ein wenig anmaßend ist –, dass ich es gar nicht zulassen würde, dass jemand sich kopfüber hineinstürzt. Einige meiner Schüler werden mir da vielleicht widersprechen, besonders diejenigen, die schon zum zweiten Mal untergehen und immer noch nicht schwimmen gelernt haben …

VI

VON FRAUEN UND

MÄNNERN —

TANTRA, SEX, BEZIEHUNG

UND LIEBE

Philosophisch betrachtet gibt es nichts, was existiert und nicht Gott ist. Das ist schön und wahr. Aber in der Praxis, wenn Menschen ihren Lebensunterhalt verdienen, sich bequem einrichten, Beziehungen eingehen und sich mit Mode, Kunst und vielem anderen auseinandersetzen, sind philosophische Wahrheiten oft bedeutungslos.

Das Wesen des Göttlichen ist dualistisch insofern, als die gesamte Schöpfung aus Gegensätzen besteht, die einander anziehen. Energetisch betrachtet sind Männer und Frauen wie zwei magnetische Pole – Norden und Süden – oder wie negative und positive elektrische Felder. Sie sollten einander anziehen, jedoch auf elegante Weise, was so gut wie nie der Fall ist. Solange das jedoch nicht stattfindet, werden Männer nicht das »Problem Frau« und Frauen nicht das »Problem Mann« lösen, und du kannst die ganze schöne göttliche Ordnung vergessen.

Meine Form der Lehre hat zu allererst damit zu tun, die Hindernisse zu erkennen, die einer Erkenntnis des Göttlichen im Wege stehen, statt über göttliche Poesie zu diskutieren, die im Leben der Menschen ohnehin nichts bewirkt. Wenn es darum geht, was wirklich gebraucht wird, bin ich sehr praktisch, erdverbunden und direkt.

Die sexuelle Revolution ist über die westliche Welt hinweggefegt wie ein Sturm, und trotzdem, so scheint es mir, sind die Menschen unglücklicher in sexuellen Beziehungen als je zuvor. Obwohl man heute alle möglichen mechanischen Hilfsmittel, Apparate und diverse Bücher und Filme zum Thema »wie treibe ich es am besten« zur Verfügung hat, »treiben« es die Leute schlechter als je zuvor.

Warum sind wir so fasziniert vom Sexuellen? Nur weil es uns »gewisse Gefühle« bereitet? Nein. Die Antwort ist, weil wir auf gewisse Weise darin sterben. Wir sterben im Sex, und das ist es, wonach wir suchen. Verzweifelt suchen wir nach etwas, wodurch wir diese Welt, in der wir leben und die uns innerlich zerrüttet, vergessen können, und Sex soll diesen Zweck erfüllen. Wir nutzen den Sex immer mehr in dieser Richtung. Aber es funktioniert nicht. Schon eine Sekunde nach dem Orgasmus, der fünfzehn oder zwanzig Sekunden gedauert hat, ist es wieder vorbei, und du erinnerst dich an dein Leiden. Wir wünschen uns verzweifelt den Tod, die Beendigung unseres Leidens. Wir wollen wiedergeboren werden, wollen wieder fühlen. Wir wollen um jeden Preis aufwachen. Das ist die große Anziehungskraft, die die Sexualität auf uns ausübt.

Wenn du dich ernsthaft der spirituellen Arbeit widmest, wirst du merken, dass du über die Art, wie du Sex gegenwärtig siehst, hinauswachsen wirst. Du wirst Sexualität nicht mehr als Erlösung, als Lust, als Höhepunkt des Tages, als Möglichkeit zu manipulieren oder manipuliert zu werden, sehen. Sex wird immer mehr seinen Platz im Leben neben allen anderen Dingen als natürliche und spontane Reaktion auf den Augenblick einnehmen, instinktiv zur richtigen Zeit am richtigen Ort, in Stimmungslage und innerer Beteiligung angemessen.

Wenn Sex als das gesehen wird, was er wirklich ist, nämlich Kommunion mit der Göttin oder mit Gott (je nachdem, ob du ein Mann oder eine Frau bist), dann wird die Freude, die du am Sex hast, auf den Boden der Realität gestellt. Es ist viel mehr an der »Kommunion mit dem Geliebten« als nur der Akt des Geschlechtsverkehrs und des Orgasmus. Sehr viel mehr. Selbst wenn der Akt von emotionalen Gefühlen der Lust, des Glückes und gegenseitiger Zuneigung begleitet ist, gibt es doch noch viel mehr. Aber du kannst nicht mehr erwarten, bevor du nicht in der Realität verankert bist, was bedeutet, dass du das, was du tust, *wirklich tun* musst.

Das Göttliche wird nicht dadurch entdeckt, dass man immer höher fliegt, sondern dadurch dass man vollkommen normal wird.

Als ich mir kürzlich eine populäre deutsche Zeitschrift ansah, fand ich einen Artikel über »Tantra-Workshops«, die hier gegenwärtig sehr verbreitet sind. »Sexuelle Erfüllung durch Tantra... « und ähnliche Dinge. Dabei fiel mir auf, dass Tantra in diesem Zusammenhang nichts weiter ist als das Deckmäntelchen für egomanische Masturbation von der übelsten Sorte. Menschen schauen sich andere nackte Menschen an, klopfen sich selbst auf die Schulter und sagen: »Bin ich nicht toll? Ist meine Sexualität nicht Klasse? Bin ich nicht frei und wunderbar?« Ich sage euch, das ist vollkommener Mist.

Neulich las ich ein Buch, in dem der Autor empfahl, dass sich die Partner einen Monat lang nicht berühren. In der ersten Woche setzen sie sich angezogen in gegenüberliegende Ecken des Raumes und schauen einander an. (Du weißt schon, der alte, verschleierte, romantische Blick.) In der zweiten Woche sitzen sie direkt voreinander, immer noch vollständig angezogen, und schauen ihrem Partner eine Stunde lang in die Augen (wobei sie wahrscheinlich hinter ihrem starren Blick ihre gesamte Lust verbergen). In der dritten Woche ziehen sie sich dann aus und setzen sich wieder voreinander hin. In der vierten Woche sitzen sie sich nackt gegenüber, wobei sie sich diesmal mit den Knien berühren. Anschließend wird man angeblich für das wahre Tantra vorbereitet. Kannst du dir vorstellen, dass diese Bücher allen Ernstes so etwas empfehlen?

Wenn dann die vier Wochen vorüber sind, springen sich die Leute an, als seien sie vollkommen verrückt, und was dann passiert, ist achtzig Prozent Phantasie und zwanzig Prozent körperlich. Natürlich finden sie es toll. Wer würde es nicht toll finden, nach einem Monat unterschwelliger, verdrängter Lust? Das Erlebnis muss einfach überwältigend stark sein. Aber es ist Phantasie, kein Tantra. Eine weitere Vorgehensweise, die gern »Tantra« genannt wird, sind allerlei erstaunliche Positionen des Beischlafs – auf dem Kopf, von hinten, von vorn, mit den Fingern, Zehen, Nasen. Auch hier gilt: Echtes Tantra hat überhaupt nichts mit der Position zu tun, in der du dich befindest. Die Position spielt überhaupt keine Rolle.

Konventioneller Sex ist Selbstbefriedigung. Wenn du dir die Medien anschaust, die Werbung, wird Sex völlig offen als Ware eingesetzt, und jede noch so schwache Tendenz zu echter menschlicher Sexualität wird vollkommen überrollt von dem neurotischen Bedürfnis, so, wie es uns die Medien ein Leben lang vorgemacht haben, zu kopulieren. Wir sollen es wie ein Playboy, ein Playgirl, wie ein Sexbolzen oder eine Sexbombe machen. Das Schlimmste sind die feineren Modemagazine für Frauen. Die Artikel in diesen Magazinen fordern zu der unrealistischsten und oberflächlichsten sexuellen Beziehungsaktivität auf, die man sich vorstellen kann. Dabei brauchen sie nicht einmal pornographisch zu sein, und einige gehen nicht einmal explizit auf sexuelle Praktiken ein, dennoch ermuntern sie Frauen, sich auf eine verträumte, sentimentale und unreife Weise zu verhalten.

Dasselbe gilt für Männermagazine. Da soll man »hart sein«, wo es »hart zu sein gilt«, und wenn nötig auch einmal verständnisvoll. Da gilt es, alles zu wissen über Frauen, Sex, Reisen, Autos, Geld und Essen.

Das meiste, was heute mit Sex assoziiert wird, ist einfach das neurotische Streben danach, so zu sein und das zu tun, was man uns beigebracht hat, wie wir als Männer und Frauen zu sein und was wir zu tun haben.

Es gibt so wenig echte Freude dabei. Die Menschen unternehmen alles mögliche, damit sie sich in ihrem Körper wohlfühlen können, aber wir wissen, dass das nicht ausreicht. Schon kurze Zeit nach der Massage, wenn Körper oder Geist wieder anfangen, sich weniger gut zu fühlen, beginnen wir uns nach dem nächsten »Hit« umzusehen. Ohne ein klein wenig Verständnis, Zärtlichkeit und Wärme in einer Beziehung spielt es keine Rolle, wie gut sich der Körper fühlt. Die Dinge, die sich am besten anfühlen, haben nichts mit irgendwelchen Körperteilen zu tun, die berührt werden. Sie haben mit der Einstellung zu tun, die in der Beziehung zum Tragen kommt. Wenn der Mann seiner Frau ein Mann sein kann, fühlt sich das unendlich viel besser an als alles, was er ihrem Körper antun kann.

Männer werden für Frauen immer ein Geheimnis bleiben und Frauen für Männer ebenso. Zu einem »Sexualtechniker« zu werden ist der schnellste Weg, um das Geheimnis zu zerstören. Dennoch ist bei einem völlig frustrierten Mann oder einer völlig frustrierten Frau ein technisch versierter Partner scheinbar durchaus erfolgreich, aber das ist ein Nebelschleier, der schnell verblasst. Dasselbe gilt für andere Aspekte des Lebens, einschließlich der spirituellen, inneren Arbeit. Wenn man an einer Kommunion mit Gott interessiert ist, wird jedoch keine noch so perfekte Technik dies ermöglichen.

Eine gute sexuelle Technik kann vielleicht bewirken, dass ein paar Nervenenden im Gehirn in die Luft fliegen, was sich möglicherweise göttlich *anfühlt* oder großartig *aussieht*, aber jede Erfahrung, ganz gleich wie ekstatisch, die einen Menschen nicht in jemanden verwandelt, der weiß, wie man mit seinen Kindern, der Familie, dem Partner und dem ganzen Leben umgeht, ist alles andere als eine Gotteserfahrung. Das natürliche und gewöhnliche Leben, so wie es ist, ist das alchemistische Labor, der Ort, an dem sich Wandlung, Transformation vollzieht.

Das Göttliche ist nicht dazu da, im Himmel entdeckt zu werden. Wenn das der Fall wäre, dann wären wir im Himmel, nicht hier auf Erden. Und trotz der Philosophie, dass das Himmelreich »hier und jetzt« ist und wir unser Leben hier himmlisch einrichten müssen, tut es mir leid, euch sagen zu müssen: Dies ist nicht der Himmel!

DIE ALCHEMIE DER WANDLUNG

Schon in der Antike wusste man, dass der Geschlechtsakt buchstäblich als Generator und Katalysator wirkt. Viele spirituelle Meister und Adepten haben Sex als Methode benutzt, um eine Kommunion mit höheren Bewusstseinsebenen anzuregen. In gewissem Sinne trugen sie durch ihre Art, mit Sexualität umzugehen, zur Evolution der menschlichen Rasse bei. Häufig sieht man alte Bilder aus China sowie aus den hinduistischen und buddhistischen Traditionen, auf denen die Götter mit ihren Gespielen und Gespielinnen gezeigt werden. Im Orient gibt es eine Kunstgattung, in der die sexuelle Vereinigung mit ihrem transzendentalen Potential gefeiert wurde. Niemandem war das peinlich.

Kommunikation im tantrischen Sinne hat etwas mit männlichen und weiblichen Energien zu tun. Sie beruht auf der Erkenntnis, dass wir nicht getrennt sind und es niemals waren. Wahres Tantra bedeutet ein detailliertes und genaues Verständnis von Mann und Frau sowie der Alchemie, die zwischen beiden möglich ist.

Frauen sind im wesentlichen das empfängliche Element, Männer das dynamische. Da Frauen die Göttin Shakti repräsentieren, symbolisieren sie auch Form, Aktivität, Bewegung, Energie. Männer symbolisieren Shiva, das formlose Absolute, das reine Bewusstsein. Die Vereinigung von Shiva und Shakti bedeutet einen »Aufstieg« der Frau. Von Shakti zu Shiva zu gehen bedeutet, aus der Form in die Formlosigkeit aufzusteigen. Für den Mann ist die Vereinigung ein »Abstieg« – von Shiva zu Shakti, von der Formlosigkeit in die Form.

Wenn Shiva und Shakti miteinander verschmelzen und jeder zum anderen wird, nennt man das die »vollkommene Vereinigung«. Dann verschwinden die unterschiedlichen Geschlechter, und es gibt nur noch das, was jeweils im Bereich der Wirklichkeit auftaucht. Wenn dieser Prozess für ein Paar stattfindet, kann ein Orgasmus geschehen – jedoch kein lokalisierter Orgasmus, und beim Mann findet dabei keine äußere Ejakulation statt. Dadurch bleibt seine Energie mit ihrer verbunden und reißt ihn nicht fort.

In der körperlichen Praxis des Tantra wird der Samen genutzt, wenn auch nicht unbedingt zurückgehalten, in Verbindung mit der richtigen Form der sexuellen Energie und Intention. In der feinstofflichen Praxis des Tantra spielt der richtige Gebrauch von Aufmerksamkeit eine Rolle. Wenn die sexuelle Aktivität einigermaßen regelmäßig ist, wird beim Mann sehr viel Samen und bei der Frau sehr viel Sekret produziert. Wenn diese Flüssigkeiten vom Körper wieder aufgenommen werden können, statt ausgestoßen oder ausgequetscht zu werden, findet die Chemie dieser Flüssigkeiten zur Harmonie mit bestimmten hormonalen Ausschüttungen des Gehirns – wie der Zirbeldrüse, die traditionell mit dem »Dritten Auge« assoziiert wird. Wir wissen nicht, was diese Drüsen alles tun können, aber es gibt zahlreiche praktische Beweise dafür, dass die Stimulation dieser Drüsen mystische Visionen, Offenbarungen und höhere Kreativität hervorrufen können. Der Gebrauch von Sex ist eine Möglichkeit, diese Drüsen zu aktivieren.

Neulich las ich ein Buch mit Liebesbriefen des Komponisten Chopin, der auf dem Gebiet seiner Kunst ein kreatives Genie war und, wenn er es gewollt hätte, leicht zu einem Heiligen hätte werden können. In diesen Briefen drückte er seine leidenschaftliche Liebe für seine Partnerin aus, aber auch, dass seine künstlerische Aktivität in Zeiten ihrer Trennung besonders groß war, während in Zeiten, in denen sie sexuell sehr aktiv waren, seine Arbeit überhaupt nicht kreativ war.

Ohne sich über die vollen Konsequenzen im klaren gewesen zu sein, haben viele Menschen für sich entdeckt, dass es zwischen dem Verausgaben von Lebensenergie durch einen Orgasmus mit Ejakulation und dem Zurückhalten dieser Lebensenergie – nicht unbedingt durch sexuelle Enthaltsamkeit – einen entscheidenden Unterschied gibt. Diese Menschen haben den dynamischen und energetischen Vorsprung, der durch einen kontrollierten Gebrauch von Sexualität ermöglicht wird, erkannt. Sie haben gelernt, dass alltägliche Spannungen in eine Quelle enormer Energie verwandelt werden können. Das ist Alchemie!

Die psychologischen Voraussetzungen, die für den Beginn einer Praxis körperlichen Tantras notwendig sind, sind ideale Gelegenheiten für eine Arbeit an sich selbst. All der Mist, den du bezüglich deiner Sexualität jahrelang im Verborgenen gelassen hast, wird wieder an die Oberfläche kommen. Der Orgasmus mit Ejakulation ist mit vielen tief sitzenden, archaischen Gefühlen verbunden. Im Vergleich zu den emotionalen und psychologischen Wirkungen ist es ein relativ leichter Prozess, den Orgasmus äußerlich zu vermeiden. Am schwersten ist es für die Männer. Frauen haben es viel leichter, wenn sie lernen wollen, ihrem Körper das volle Spektrum der Empfindungen wiederzugeben. Männer glauben, sie bräuchten den genitale Samenerguss, um sich wie richtige Männer zu fühlen. Die Vorstellung eines Orgasmus, der den gesamten Körper erfasst, ist für viele Männer völlig fremd.

Du solltest Sex genießen, wenn du entspannt und energetisch aufgeladen bist, um danach noch vitaler und mit noch mehr Energie herauszukommen. Vermeide Sex, wenn du müde und schwach bist. Sonst entlädst du und kommst noch schwächer und völlig ausgelaugt heraus. Das erste ist regenerative Sexualität, das zweite degenerative.

Regenerative Sexualität hat jedoch keinen Wert, wenn alles andere, was du tust, degenerativ ist. Du kannst dies auf einem anderen Gebiet gut sehen – dem Gebrauch von Nahrungsmittelergänzungen, etwa in Form von Vitaminen, Enzymen oder Spurenelementen, die ich persönlich für großartig halte. Aber wenn du trinkst, rauchst und »Gifte« oder schlechtes Essen zu dir nimmst, kannst du nicht erwarten, dass Vitamine deinen Körper reinigen. Einige Menschen machen es so mit dem Sex. Sie versuchen sich am Tantra, während der Rest ihres Lebens degenerativ ist. Auf diese Weise wird niemals etwas geschehen, was irgendeinen Wert hat.

Sexualität sollte nicht benutzt werden, jemanden festzuhalten oder als Druckmittel, um etwas Bestimmtes zu erreichen. Solches Verhalten ist höchst unreif. Sexualität sollte die Fülle des gemeinsamen Lebens zweier Menschen in Gott zum Ausdruck bringen, kein weiteres »Joch« sein, das man auf sich nehmen muss. Für Männer wie für Frauen sollte die Sexualität ein Gebet an die Göttin sein. Möglicherweise kann man durch ihren falschen Gebrauch vorübergehend etwas gewinnen, letztlich ist dies jedoch nur ein Missbrauch für kleinliche und egoistische Zwecke.

Das gesamte Leben sollte regenerativ sein, körperlich, emotional, energetisch – es kann ein ununterbrochenes Loblied Gottes sein. Du solltest dich des Lebens freuen, mit Menschen glücklich sein, dich fit halten und richtig ernähren. Dann kann deine Sexualität sowohl generativ als auch regenerativ sein. Sexualität sollte immer von der ganzen Fülle des Lebens und der Beziehung zweier Individuen zeugen.

Tantrische Arbeit dient nicht der gewöhnlichen Entspannung. Du musst deine Augen offen halten und aufmerksam sein. Tantra in all seinen verschiedenen Formen heißt im Grunde nichts anderes als sich zu treffen und gemeinsam den Weg der Erkenntnis durch die Sphären der Unterwelt zu gehen, statt zu versuchen, ihr zu entkommen. Auf dem Weg begegnest du Ängsten, Wünschen, Krankheiten, Gier, Besessenheit und allen negativen Eigenschaften des Lebens, die jeder von uns zu einem gewissen Grade in sich trägt. Indem du mit ihnen arbeitest, verwandelst du sie.

Leidenschaft ist etwas Wundervolles. Gewöhnliches natürliches leidenschaftliches Verhalten zu unterdrücken hieße, weder Mann noch Frau zu sein und die irdische Inkarnation misszuverstehen. Der Versuch, normale Leidenschaft zu unterdrücken, ist häufig auf die Furcht vor der eigenen Verletzlichkeit zurückzuführen, die Sexualität erfordert. Unterbewusst mag man sich da vielleicht lieber sagen: »Das ist mir einfach zu viel. Ich tue lieber so, als sei ich rein und geschlechtslos wie ein Engel und lebe zölibatär.« Sexualität ist mit einer Verletzlichkeit verbunden, die sonst nirgends zu finden ist. (Dieses Gefühl kommt am ehesten der Intimität gleich, die zwischen den Überlebenden eines Flugzeugabsturzes oder eines anderen tragischen Ereignisses herrscht, die äußerst schwierige Situationen gemeinsam durchgestanden haben.) Nicht einmal in den innigsten Freundschaften erfährst du diesen Grad chemischer Verletzlichkeit. Wenn sich zwei Menschen in chemischer Sympathie miteinander befinden, machen ihre Körper eine tatsächliche Wandlung durch. Die meisten Menschen können diesen Grad von Verletzlichkeit nicht ertragen und wissen nicht mehr, was sie tun sollen. Wir sind nicht dafür konstruiert, unsere Schaltkreise sind anders verdrahtet. (Obwohl man lernen kann, die Verdrahtung zu ändern, aber das erfordert Anleitungen, die nicht überall zu finden sind, jedenfalls nicht in den populären tantrischen Workshops, sondern in der Regel nur durch eine lebenslange Lehre.)

Verschiedene tantrische Schulen verwenden in ihrer Praxis verschiedene Elemente – Sex, Alkohol, Tabak und andere Dinge. Dennoch haben sie alle die Konzentration auf die Verwandlung von Substanzen, die Alchemie, gemein. Aufstieg allein – das Verschmelzen im Licht als Versuch, den Gang durch die Unterwelt zu vermeiden – ist nicht der Weg des Tantra.

Der Autor eines Klassikers des Tantra sagt, es sei gefährlicher, sich auf den Pfad des Tantra zu begeben, als einen Tiger zu zähmen und zu reiten, und man solle sich niemals ohne einen Lehrer auf einen tantrischen Pfad begeben. Der Grund dafür ist, dass der Lehrer deine Praxis beobachten wird, um Zeichen der Reife, aber auch der Illusion zu erkennen und entsprechend darauf zu reagieren. Ein unausgesprochenes Element ist außerdem, dass der Lehrer das Leben des Schülers »göttlich beeinflusst«, wenn eine ehrliche, hingebungsvolle Beziehung zwischen Schüler und Lehrer besteht. *Der göttliche Einfluss* ist der notwendige »Grundstoff« der Wandlung. Ohne ihn wirst du überhaupt nichts wandeln, sondern lediglich Substanzen verschieben. Davon wird jedoch im populären Tantra nie gesprochen, weil sonst der Eindruck entstehen könnte, dass man gänzlich auf den Einfluss des Lehrers angewiesen ist und der Pfad zu viele Gefahren in sich birgt. Man muss die Augen offenhalten.

Höhere esoterische Methoden sollten erst angewendet werden, wenn einige grundlegende Dinge geregelt sind. Wenn eine Persönlichkeit überwiegend negativ, depressiv oder pessimistisch ist, sollte kein sexuelles Tantra Anwendung finden. Wenn man ständig darauf bedacht ist, das eigene Territorium zu schützen, oder voller Neid, Angst und Aggressivität steckt, dann ist bereits der Gedanke daran, sexuelles Tantra anzuwenden, absurd, weil lediglich die negativen Tendenzen angeregt und hundertfach verstärkt würden.

Wenn die Beziehungen eines Menschen optimistisch und »feierlich« sind, wenn er in der Gesellschaft anderer hingebungsvoller Schüler Gott feiert, dann ist er bereit, das Studium zu beginnen und die Praxis des Tantra zu erkunden. Ebenso wie die negativen Tendenzen werden auch die positiven angeregt und vielfach verstärkt. Eine Reizung kann in einer Muschel eine Perle erzeugen oder die Muschel zerstören. Sie kann positiv oder negativ wirken. Wenn du von Gott erfüllt bist, wird die Reizung, die durch sexuelles Tantra erzeugt wird, Energie, Klarheit und Einsicht freisetzen sowie eine Offenbarung herbeiführen, die auf andere Weise nicht erreichbar ist.

Tantrische Ansätze können buchstäblich Jahre brauchen, um im Sexualleben eines Menschen ein beständiges Element zu bilden. Aber sind es nicht fünf oder zehn Jahre der Mühen und Enttäuschungen mit konventioneller Sexualität wert, um anschließend dreißig oder mehr Jahre sexueller Kommunion zu erreichen? Wenn du Ergebnisse willst – die Wandlung der sexuellen Energie aus gewöhnlicher Leidenschaft in eine höhere Form von Energie – musst du dafür arbeiten. Du musst Disziplin aufbringen.

Monogamie ist in dieser Schule die empfohlene Praxis, weil ich glaube, dass Liebe innerhalb eines Bereichs von Intimität und Gemeinschaft heranwächst. Viele Lehrer neigen dazu, Beziehungen zu trennen und Menschen abzuraten, permanent zusammenzubleiben, weil Dauerbeziehungen die Arbeit behindern und das Verhältnis des einzelnen zum Göttlichen überschatten könnten. Mein Ansatz ist jedoch das genaue Gegenteil. Ich bin sehr für langfristige, dauerhafte Beziehungen, was gelegentlich Schwierigkeiten macht, weil Paare in das »verflixte siebte« oder das »verflixte vierzehnte Jahr« kommen. Besonders Männer erleben zwischen vierzig und etwa sechzig Jahren eine außerordentlich schwierige Phase. Sie werden sehr unsicher.

Menschen, die für lange Zeiträume unter intimen Umständen miteinander leben (und nach sieben Jahren fängt eine Zeit wirklich an, lang zu werden), entwickeln eine Form des Miteinander, die sich unter anderen Umständen einfach nicht entwickeln würde. Du kannst aus einer langfristigen Beziehung nicht einfach in eine neue, heiße, leidenschaftliche und erregende Beziehung hineinspringen und hoffen, in weniger als sieben Jahren wiederzubekommen, was du in der alten Beziehung hattest. Es ist unmöglich. (Natürlich wissen das die Genitalien nicht. Aber du bestehst, Gott sei Dank, nicht nur aus deinen Genitalien.)

Ich würde also alles mögliche unternehmen, um eine Beziehung am Leben zu halten, die sich so weit entwickelt hat. Trotzdem: Nichts ist ewig, auch eine Beziehung kann zu Ende gehen. Aber ich glaube auch, dass wir lernen müssen, einige Opfer zu bringen. Ein indischer Sufi-Lehrer, Bhai Sahib, erzählte einmal seiner Schülerin, Irina Tweedie, Liebe müsse aufgebaut und wie ein Gebäude gepflegt und lebendig gehalten werden. Vieles, was wir in unserer Gemeinschaft an spiritueller Arbeit tun, besonders in den Anfangsjahren, dreht sich darum, Liebe aufzubauen – zwischen Partnern und in Familien. Sogar die Liebe zu Kindern muss erst aufgebaut werden. Es ist keineswegs selbstverständlich, dass du, nur weil du ein kleines Wesen auf die Welt gebracht hast, das so aussieht und sich so benimmt wie du, es auch lieben wirst. Du musst die Liebe aufbauen und nähren, und das ist nicht leicht. Tatsächlich ist diese Fähigkeit einzigartig im Universum. Dennoch ist sie jeden Preis wert, den du dafür bezahlen musst, und sei es der Preis deiner körperlichen Gesundheit oder deines Seelenfriedens. Es ist wichtig genug.

Es ist ebenfalls wichtig, zwischen falscher und echter Monogamie zu unterscheiden. Falsche Monogamie beschränkt sich auf eine Person, um eine kleine Nische der Isolation zu finden. »Wir beide gegen den Rest der Welt«. Wenn in so einer Beziehung der Mann nach Hause kommt, könnte sich folgender Dialog entspinnen: »Hast du die Gehaltserhöhung endlich bekommen, Schatz?« Er: »Nein, verdammt, sie haben einen anderen vorgezogen.« Sie: »Was? Sie behandeln dich dort wirklich nicht gerecht. Du solltest dich nach einer anderen Arbeitsstelle umsehen.

Dein Boss weiß anscheinend nicht, was er an dir hat.« Beide unterstützen sich gegenseitig in ihrer Schwäche und erschaffen um sich herum eine Blase der Isolation, um sich vor dem Rest der Welt zu schützen.

In echter Monogamie gibt es weder von der einen noch von der anderen Seite das Bedürfnis zu flirten, die Verführungskünste spielen zu lassen oder auf Jagd nach anderen Eroberungen zu gehen. Partner in einer echten monogamen Beziehung können weiterhin enge Freundschaften mit anderen Männern und Frauen haben, ohne dass dies ein Hindernis für die Beziehung wäre. Das ist die Idealvorstellung. Wenn der »Jagdtrieb« des Mannes nicht anderen Frauen gilt, sondern seiner Arbeit, seiner Kreativität, seiner Kunst, seiner Leidenschaft für seine Frau und seine Kinder, und wenn die Frau die Familie nährt, ihren Mann, ihr Zuhause, ihre Umgebung, ihre Gemeinschaft, ihre Kunst oder was immer es sei, dann liegt ihnen die ganze Welt zu Füßen.

BEZIEHUNGEN –

DIE UNENDLICHE GESCHICHTE

Ich habe sowohl bei Männern als auch bei Frauen eine sehr interessante Dynamik beobachten können. Wenn sie voneinander getrennt sind, werden sie sehr empfindlich für das Wesen des Energiespiels zwischen Mann und Frau. Getrennt voneinander können sie leicht großartige Gefühle der Integrität, Verantwortung und Klarheit füreinander empfinden. Möglicherweise gelingt es ihnen sogar, sich fest vorzunehmen, zukünftig in ihrer Beziehung gegenseitige Hilfsbereitschaft, Mitgefühl, Großzügigkeit und Zärtlichkeit walten zu lassen.

Solange sie nicht mit der oberflächlichen, sinnlich direkten Wahrnehmung voneinander konfrontiert sind, fällt es ihnen leicht, die reinen, vollkommenen Wesenszüge des anderen zu »sehen« oder instinktiv zu erfassen. Im großen und ganzen haben Männer und Frauen durchaus die Absicht, sich auf der Grundlage der wesensmäßigen Energie, die beide repräsentieren, aufeinander zu beziehen. Trotzdem neigt ihr Ego dazu, wenn sie zusammenkommen, mit ihrer körperlichen Dynamik Umstände herbeizuführen, die vollkommen egoistisch und egozentrisch sind, statt sich auf den anderen zu beziehen. Brauchst du ein Beispiel?

Nehmen wir an, ein Mann kommt nach einem langen Tag nach Hause und bringt einen schrecklichen, abstrusen Sinn für Humor von der Arbeit mit. Er sagt zu seiner Frau, die seit Stunden mit der Vorbereitung eines ganz außergewöhnlichen Abendessens beschäftigt ist: »Was stinkt denn da, Liebling?« Dann guckt er in die Röhre und ruft aus: »Sag nur nicht, das ist der Hund. Mein Gott, ich habe gerade angefangen, das haarige kleine Biest in mein Herz zu schließen!« Die Frau ist schon an seinen seltsamen Sinn für Humor gewöhnt. Sie ist zwar etwas verstört, aber sagt: »Haha, sehr lustig. Nun wasch dich und mach dich zum Abendessen fertig.« Er sagt: »In Ordnung« und denkt sich überhaupt nichts dabei, tänzelt pfeifend ins Bad, wäscht seine Hände – oder vielmehr – bewundert sein eigenes Spiegelbild.

Nehmen wir an, ein paar Minuten später kommt der Mann zurück und setzt sich an den Tisch. Die Frau sagt: »Nein, nein, ich möchte, dass du hier sitzt«, und weist auf einen anderen Stuhl als den, den er sich gewählt hat. Er sagt: »Kann ich nicht hier sitzen?« Sie: »Nein, nein, es ist sehr wichtig, du musst heute hier sitzen.« Er gibt nach und setzt sich an den Platz, den seine Frau ihm zugewiesen hat, aber mittlerweile ist er ebenfalls etwas gereizt. »Schließlich«, denkt er sich, »soll das Heim eines Mannes sein Königreich sein, oder nicht? Und kann ein König nicht selbst bestimmen, an welchem Platz an seiner Tafel er sitzt?«

Schließlich bringt sie das Essen aus der Küche und fängt an, ihn zu umhegen, so wie es Frauen gern tun, summt ein Liedchen, bedient, bemuttert und umschwärmt ihn. Es gibt nichts, was einen Mann ärgerlicher machen kann, als eine Frau, die versucht, ihn zu bemuttern wie einen Zweijährigen. Man kann sich unschwer vorstellen, dass nach einer Weile, wenn das Essen vorüber ist, beide allerhand aufgestaut haben. Beide sind leicht genervt, obwohl sie irgendwie höflich miteinander umgehen. Aber es ist deutlich, dass die Spannung steigt.

Als sie allein waren, hatten sie die feste Absicht, in ihrer Beziehung anders miteinander umzugehen. Doch als sie wieder zusammen waren, verdeckten die gewohnheitsmäßigen unreflektierten psychologischen Mechanismen die besten Absichten vollkommen. Ein Mann mag wissen, was eine Frau will, wie Frauen behandelt werden wollen, was das »Wesen einer Frau« braucht – und umgekehrt. Dennoch bleibt der Widerspruch zwischen dem, was wir in sensiblen und klaren Momenten fühlen, und der unglaublichen Macht des Ego, uns in Gegenwart des anderen mit den eigenen abwegigen Absichten zu blenden. Du solltest dir bezüglich der Absichten des Ego nichts vormachen. Möglicherweise ist »abwegig« noch viel zu milde ausgedrückt. Die einzige Absicht des Egos ist es, sein Überleben zu sichern, und es wird alles zerstören, was dem im Wege steht, einschließlich den Körper selbst. Zahlreiche Beispiele von Selbstmord demonstrieren dies auf psychologisch völlig durchsichtige Weise.

WAS SOLLEN WIR ANGESICHTS DIESES DILEMMAS TUN?

Drei Dinge sind besonders nützlich, wenn man daran arbeiten will: Verständnis, Entschlossenheit und die Disziplin, den Preis zu bezahlen.

Das erste, woran wir arbeiten müssen, ist ein sehr klares, präzises Verständnis der Funktion von Gewohnheiten. Zum Beispiel wie die Sexualität von einem erfreulichen Element einer Beziehung zu einem mächtigen Werkzeug gegenseitiger Manipulation werden kann. Dazu gehört, sich darüber im klaren zu sein, dass eine Veränderung nicht über Nacht stattfindet und dass Fortschritte vom Kontext der Umstände, in die man gegenwärtig verwickelt ist, abhängen, und von nichts anderem.

Das zweite Element der Arbeit an dem Dilemma zwischen Mann und Frau besteht darin, zu akzeptieren, dass eine Lösung nur durch Praxis, Erfahrung, Selbstbeobachtung und der Intention, anders zu sein, zu erreichen ist. Sich zu wünschen, es wäre anders, oder nach dem Motto »friss oder stirb« Druck zu machen, ändert überhaupt nichts.

Das dritte notwendige Element ist die Bereitschaft, Aufmerksamkeit und Disziplin walten zu lassen, das heißt, der

Lösung aus dem Dilemma ihren Stellenwert zu geben, den sie im Leben einnimmt, und den Preis dafür zu bezahlen. Wenn du jedes Mal, wenn du Lust hast, losziehst, um dir jemanden fürs Bett zu suchen, wirst du das Thema Beziehung niemals in den Griff bekommen. Du wirst niemals wirkliche Männlichkeit und Weiblichkeit kennenlernen. Du wirst niemals die Gesundheit und Vitalität deines eigenen Anima/Animus integrieren können. Diese Art Disziplin und Aufmerksamkeit werden nur in einer langfristigen, ernstgenommenen Beziehung aufzubringen sein.

Wenn Menschen eine Bindung eingehen und ein bestimmtes Niveau gegenseitigen Verständnisses entwickelt haben, ist es, als seien sie gemeinsam in eine wunderschöne, exquisite, romantische Falle gegangen. Je länger Menschen in Gemeinschaft leben, je länger man als Paar zusammenlebt, desto stärker wird die Bindung aneinander und desto ernüchternder die Beziehung.

Es ist extrem ernüchternd, eines Morgens neben einem schlafenden Partner aufzuwachen, ihn oder sie anzuschauen und deutlich zu merken, wie stark man miteinander verbunden ist, und welcher Art diese Bindung ist. Das ist aber auch eine Erkenntnis, die das Herz öffnet. Sie ist echt. Man kann ihr nicht ausweichen.

Unsere Kultur ist voller Vorbilder geschiedener Menschen und alleinerziehender Eltern. Was wir brauchen, sind Rollenmodelle hingebungsvoller, glücklicher, alchemistisch verwandelter Paare oder anderer Gruppierungen. Es geschieht sehr oft, dass Menschen, die eine Beziehung eingehen, sich sagen, dass sie einander »lieben«, dass sie »ewig« zusammenbleiben wollen, aber insgeheim schon denken: »Wenn es nicht funktioniert, was soll's.«

Wenn du auf diesem Gebiet Verständnis und Praxis erwirbst und dich zu einem »Lehrling« der Disziplin machst, wirst du irgendwann einen Punkt erreichen, an dem es kein Zurück mehr gibt. Du wirst niemals mehr in eine gewöhnliche Existenz zurückgehen können. Viele von euch sind auf eine Weise in die Arbeit eingebunden, die unumkehrbar ist. Du kannst dich auf den Kopf stellen und verzweifelt versuchen, auf die alte Weise Befriedigung zu finden – in konventionellem Sex, Fernsehen, Essen oder irgendeiner anderen Form von Sucht oder Selbstbefriedigung –, es wird dir nicht gelingen. Warum willst du dich dann noch sträuben?

Wenn dem so ist, solltest du nicht frustriert sein, sondern dich einfach in dein Schicksal fügen. Es gibt in dieser Arbeit größere Freuden, als sich mit Essen vollzustopfen. Ein Schlüsselwort hier ist »Lehrzeit«. Wenn du irgendwelche Bücher über eine Lehre findest oder in einem der magischen Bücher über Alchemie liest, wirst du finden, dass es für einen Lehrling, der seinen Meister gefunden hat, kein Zurück mehr gibt. Man weiß das jedoch erst, wenn man es einmal versucht hat und gescheitert ist. Man merkt es erst, wenn es zu spät ist.

Die Ergebnisse dieser Lehre sind unschätzbar. Wenn du am Ende deines Lebens sagen kannst, dass du *ein* wirkliches Bild gemalt, *ein* wirkliches Gedicht geschrieben, *ein* Kind wirklich genährt hast oder *einem* Menschen ein wirklicher Freund oder Liebhaber gewesen bist, dann ist es das alles wert: dein Aussehen, dein Geld, deine Sicherheit, einfach alles.

Einige von euch wissen das, und deshalb sind sie hier, und einige von euch sind sich noch nicht ganz sicher. Aber das ist es, was wir in der gemeinsamen spirituellen Arbeit tun: Wir sind dabei, *Menschen* zu werden.

NATÜRLICHES TANTRA –

ORGANISCHE UNSCHULD

Wenn du Tantra praktizieren willst, sollte es spontanes, natürliches Tantra sein, und wenn du jemanden tief genug liebst, wird es dir gelingen. Wenn du nicht egoistisch bist, wenn deine eigene Befriedigung nicht an erster Stelle steht, auch nicht unbewusst, wirst du möglicherweise ganz natürlich Tantra entdecken, in der Beziehung zu deinem Liebhaber, aber auch zu deinen Freunden, denn Tantra ist nicht auf Sexualität beschränkt.

Es braucht seine Zeit. Du weißt sehr gut, dass es viele ganz alltägliche Hürden zu überwinden gibt. Aber wenn du die erst einmal hinter dir gelassen hast, wirst du Tantra entdecken.

Unser Weg als Baul in dieser Schule dreht sich nicht um die Entwicklung des »Beobachters« wie im tibetischen Tantra; nicht darum, diesen Aspekt des Geistes dahingehend zu trainieren, dass er absolut objektiv und vollkommen losgelöst ist. Das ist viel zu technisch für uns. Es ist zu losgelöst, zu kühl. Unser Weg dreht sich darum, sich in organischer Unschuld zu entspannen, nicht Techniken einzusetzen, um vollkommene Beherrschung zu erlangen.

Viele Menschen beginnen jemanden zu lieben und spüren, wie sie allmählich die Kontrolle über sich verlieren. Sie geraten in eine Situation, in der die andere Person in gewissem Sinne zum »Meister« wird, und das macht ihnen Angst. Sie sehen, dass der andere selbstzentriert und neurotisch ist, wie wir alle, und gehen davon aus, dass er sie ausnutzen oder in Besitz nehmen wird. Also brechen sie die Beziehung ab. Sie entscheiden, dass es die Sache nicht wert sei.

Ich vertrete jedoch die Ansicht, dass *Liebe den Menschen immer verwandelt*, ganz gleich, wer die andere Person ist. Wenn du dich verliebst und zurückhältst, weil du Angst hast, dass es schlecht für die spirituelle Arbeit sei, könnte dir leicht etwas Wichtiges entgehen. Meine Art damit umzugehen ist, zu empfehlen, sich Hals über Kopf hinein-zustürzen. Wenn du dich wirklich der Liebe hingibst, soll-test du keine Angst haben, in der spirituellen Arbeit Kom-promisse machen zu müssen. Gib dich einfach hin und nimm dir die Zeit dazu. Hab es nicht eilig – »Nun gut, ich gebe nach, aber... mein Partner sollte sich spätestens in zwei Monaten verändert haben, sonst... « Vergiss nicht, was wir über langfristige Beziehungen gesagt haben. Gib dich der Beziehung hin und bleib dabei, dann wirst du dich selbst wandeln – und den anderen auch.

Wenn ihr euch liebt, dann liebt euch einfach, ohne über jeden Laut, jede Bewegung nachzudenken. Lasst eure Kör-per tun, was sie wollen. Interpretiert nicht, phantasiert nicht, verurteilt nicht, kritisiert nicht, fühlt euch nicht schuldig und tut keines der vielen Dinge, die ihr gewöhn-lich tut, wenn ihr euch liebt. Wenn du siehst, brauchst du das nicht. Wenn du siehst, dann siehst du und bist nicht damit beschäftigt, dich schuldig zu fühlen. Wenn ihr euch einfach liebt, werdet ihr merken, dass ihr buchstäblich über den Sex hinauswachst, ihn transzendiert.

Der Liebesakt muss nicht irgendwann aufhören. Nicht den Liebesakt musst du transzendieren, sondern die üblichen, mechanischen, kopflastigen, gewohnheitsmäßigen Gründe für Sex. Sex muss zu Liebe werden, und dann muss die Liebe selbst transzendiert werden.

Was transzendiert Liebe? Gott. Sex muss zu Liebe werden, aber zur Liebe gehören zwei – Liebhaber und Geliebte. Also muss auch das transzendiert werden. Du musst sowohl »den, der liebt« aufgeben, als auch »den, der verliebt ist«. Schließlich muss sogar der auf wundervolle Weise in Liebe verwandelte Sex transzendiert werden, weil der Liebhaber aufgegeben werden muss. Du, der Liebhaber, musst dich selbst verlieren. Du musst die Liebe transzendieren und zum Wesen der Schöpfung werden, das wir »Gott« nennen. Du musst zu dem werden, was sich innerhalb des großen Prozesses der göttlichen Evolution entfaltet. Und wenn das, was sich entfaltet, der Liebesakt ist – wunderbar. Dann bist du einfach der Liebesakt.

Was transzendiert werden muss, ist nicht die Form, sondern die Illusion eines sexuellen Strebens, die Neurose der genitalen Besessenheit und Exklusivität.

VON DER LIEBE – ENDLICH!

Das Wort »Liebe« ist ein Wort, über das ich mich gewöhnlich nur lustig machen kann. Dennoch kommen wir immer wieder darauf zu sprechen. Ich habe oft versucht, es durch raffinierte und kluge Synonyme zu ersetzen, aber nichts kommt dem Begriff »Liebe« auf eine Weise gleich, die mich befriedigt – weder »Leben«, noch »Wirklichkeit«, »Wahrheit« und auch nicht »Leiden«.

Ich weigere mich strikt, das Wort »Liebe« zu benutzen, wegen der psychologischen Mechanismen, die damit assoziiert werden, und weil es so leicht missverstanden wird.

Achte nur einmal darauf, wie oft »Ich liebe dich« überall in der Welt ausgesprochen wird, und frage dich: »Sind alle Beziehungen, in denen das Wort ›Liebe‹ benutzt wird, auch von gegenseitigem Respekt geprägt?« Ich meine nicht nur die Beziehung zwischen Liebenden, sondern auch zwischen Eltern und Kindern. Wie viele Eltern sagen einfach so zu ihren Kindern: »Ich liebe dich«, ohne dass dabei Ehre und Respekt eine Rolle spielen. Wahrscheinlich kennst du geschiedene Leute mit Kindern, die ihre Kinder in dem Augenblick verlassen haben, als ein gutaussehender Vertreter des anderen Geschlechts dazwischenkam. Sie rechtfertigen es vor sich selbst, indem sie sagen: »Ich werde es später an den Kindern wiedergutmachen. Ich muss die Gelegenheit jetzt wahrnehmen.« Es scheint mir, dass die Person, mit der du dich einlässt, keine gute Partie für dich sein kann, wenn sie zulässt, dass du so etwas tust. Damit in einer Beziehung Liebe herrscht, muss zuerst einmal Respekt vorhanden sein.

Ich gebe zu, dass eine Menge dazugehört, in solch entscheidenden Situationen in der Lage zu sein, Opfer zu bringen. Mehr noch als Disziplin erfordert es Integrität, das heißt Respekt. Keine noch so große Disziplin kann Respekt ersetzen, und ohne Respekt gibt es keine Liebe.

Ein weiterer Grund, aus dem ich mich dem großen Wort »Liebe« widersetze, ist die Sentimentalität, vor der es normalerweise trieft. Dein Herz schmilzt dahin, die Augen werden feucht, wenn du deinen Partner oder dein Kind anschaust. Jede Stimmung, die du »Liebe« nennen magst, ist wertlos, solange du immer noch von Gott getrennt bist.

Es ist sehr modern, mit Liebe wie mit einer Ware umzugehen. »Ich werde meine Trennung von Gott lieber aufrechterhalten, ich habe ja noch meine Träume, meine Pläne und die vielen Dinge, die ich mir im Leben noch vorgenommen habe. Ich muss frei sein, meine Kreativität bewahren, muss tanzen und singen und nähen und Kinder kriegen und meinen Mann versorgen … « und all die anderen faulen Ausreden. » …und dann werde ich ganz in Liebe aufgehen… «

Nein, das wirst du nicht. Möglicherweise verhältst du dich ein wenig moralischer und passender als die meisten anderen Menschen, aber Liebe ist etwas, was nicht getrennt von Gott existieren kann. Solange dein Ich funktioniert, solange »du« es bist, der Liebe will und Liebe gibt, ist es nicht Liebe. Vielleicht ist es Zuneigung oder Fürsorge, Sorge um jemanden, Rücksicht, Verständnis, Sympathie, Einfühlsamkeit – aber Liebe? Nein, keine Liebe.

Es spielt keine Rolle, wie erhaben dein Gefühl ist, wenn dein »Ein und Alles« dir eine Rose schenkt, ist es keine Liebe. Es ist Begeisterung, nicht Liebe. Liebe kann nicht dort sein, wo Trennung von Gott existiert. So einfach ist das.

Aber das ist es, was wir alle wollen. Wir meinen irrtümlicherweise, das Ego behalte seine Autonomie und wir bekämen als letzte Belohnung dafür, dass wir immer ganz brav waren, Liebe. Weit gefehlt! Du bekommst nicht Liebe, wenn du gut bist. Liebe bekommt man, indem man verschwindet, sich auflöst. Solange »du« existierst, wird es keine Liebe geben. Sobald »du« aufhörst zu existieren, wird die Liebe da sein. Wenn »du« existierst, gibt es keine Liebe mehr, nicht einmal ein bisschen.

Es ist keineswegs der Fall, dass du im Leben nur einen Vorgeschmack auf das Wesen der Liebe bekommst, und das ganze Menü auf einmal erst aufgetischt bekommst, wenn du stirbst und deinen Körper ablegst, weil du dir dann keine Sorgen mehr um Sehnsüchte, Lust und Gier zu machen brauchst. So funktioniert es nicht. Die Gleichung geht vollständig auf. Kein Ego = Liebe. Ego = keine Liebe. Es gibt keine Abstufungen. Das erste, was du zu tun hast, ist, alle deine kleinen »Ichs« aufzugeben, weil du niemals dein wahres Ich kennenlernen wirst, solange du in deiner Psyche einen Weltkrieg zwischen deinen »Ichs« in Gang hältst.

Als erstes musst du all deine kleinen »Ichs« in einer Art Zentrum versammeln, so dass sie im großen und ganzen einmütig miteinander umgehen und keine verschiedenen Ziele verfolgen. Das leistet die spirituelle Praxis – die Meditation, die Leibesübungen, das Studium, die Ernährung. Wenn du das erreicht hast, fühlst du dich vielleicht ganz großartig. »Was für einen erhabenen Zustand ich erreicht habe und wie losgelöst ich bin«, möglicherweise versteigst du dich sogar zu »höheren Eingebungen«. Pass aber auf: Auch die wirst du aufgeben müssen! Am Ende wirst du völlig nackt durch die Welt gehen müssen, frei von einem »Ich«, das dich verteidigen und beschützen kann und sicherstellt, dass du immer Recht hast.

Solange du versuchst, dein »Ich« in Szene zu setzen und zu verherrlichen, wirst du niemals Gott erkennen. Du wirst keine Wahl haben, kein wirkliches Gebet sprechen können.

Wenn du den Willen aufbringst, das Ich aufzugeben, wird die Arbeit rasch vorangehen. Du wirst geradezu hindurchfliegen. Die Kreuzigung wird hart sein, aber sie dauert nicht lange. Viele von euch hängen schon seit Jahren am Kreuz, aber es ist in Wirklichkeit euer eigener Fehler. Daran ist nichts weiter schuld als eure eigene perverse, störrische Weigerung, euer Ich aufzugeben. Es ist einfach nicht wahr, wenn ihr sagt: »Aber ich kann nicht... « Du kannst, aber du bist störrisch. Wir alle sind störrisch.

Das Leben ist so einfach. Eigentlich gibt es nur zwei Dinge: das Ich und die Transzendenz des Ichs. Ich – kein Ich. Liebe – keine Liebe. Trotzdem rennen wir umher und quälen uns mit einer endlosen Vielzahl von Einwänden: »Was ist mit dem Leben nach dem Tode? Wann tritt die Seele in den Körper ein? Ist Abtreibung moralisch zu verantworten? Was ist mit den Männern? Was mit den Frauen? Beziehungen? Leben? Tod? Sexualität? Unendlichkeit? Wie lange wird es noch die Sendung ›General Hospital‹ im Fernsehen geben? Warum werden die Krankenschwestern in der Sendung niemals älter?« Vielleicht liegt darin die Antwort auf all diese Fragen. Möglicherweise sollten wir alle in die Welt des Fernsehens eintreten. Wir würden so, wie wir jetzt sind, konserviert und würden niemals älter. Wir hätten dort ein schönes Leben – voller dramatischer Beziehungen, jede Menge Sex, tolle Klamotten ... zumindest scheint es so.

VII

SEHNSUCHT UND

HINGABE

Ich möchte euch eine Geschichte erzählen. Es ist die Geschichte von Rumi, dem Begründer der »Tanzenden Derwische« und des Mevlevi-Ordens. Rumi ist darüber hinaus für zahlreiche Gedichtbände bekannt, die er durch die Person seines Lehrers Shams-i Tabriz an Gott gerichtet hat. Man sagt, er habe über dreißigtausend Verse geschrieben, und der eindrucksvollste Wesenszug seiner Poesie ist der Ausdruck seiner Sehnsucht nach dem, was er »den Geliebten« nennt.

Die Sehnsucht ist im Grunde nichts anderes als das Gefühl der Möglichkeit, das zu ergreifen, was nicht greifbar ist. Angesichts unserer menschlichen Natur dürfte der Vorgang der alchemistischen Wandlung eigentlich gar nicht möglich sein. Dennoch ist das Leben vieler großer Mystiker aller Traditionen Beweis dafür, dass er vorkommt, obwohl es doch eigentlich unmöglich ist. Da hast du einen wertvollen Koan. Die Sehnsucht nach dem Unmöglichen als Möglichkeit, nicht als Wirklichkeit, ist der Ursprung eines großen Teils der mystischen Dichtung aller Zeiten – in der Sufi-Literatur, den hinduistischen Schriften, der christlichen mystischen Dichtung eines Johannes vom Kreuz und vieler anderer.

Zurück zu unserer Geschichte. Rumi war ein sehr bekannter Theologe in Persien, dem heutigen Iran. Er war ein großer Gelehrter und hatte eine zahlreiche Anhängerschaft. Tatsächlich war er als einer der größten islamischen Denker seiner Zeit anerkannt. Aber trotz seines großen Erfolges ergriff eine wachsende Unzufriedenheit von seinem Leben Besitz. Er las die gesamte mystische Dichtung, aber vermochte sie nur trocken und intellektuell zu verstehen. Wie viele Menschen, so kannte auch er die handwerkliche Güte seiner Dichtung, aber war zutiefst verunsichert, ob all sein Wissen möglicherweise nur oberflächlich sei und ihm der Kern des Ganzen entgehe. Während seine Unzufriedenheit wuchs, wurde er immer nervöser und verspannter. Er wurde »vorbereitet«, wie man im Fachjargon zu sagen pflegt.

Genau zu dieser Zeit kam ein wandernder Derwisch namens Shams-i Tabriz – was so viel heißt wie »Freund Gottes« – in die Stadt. Er trug schmutzige Lumpen und war völlig ungepflegt, als Rumi und seine Gruppe von Schülern ihn zum ersten Mal erblickten auf ihrem Weg durch die Stadt, ins Gespräch über ein gelehrtes Thema vertieft. »Nichts weiter als ein schmutziger Bettler ... « dachte Rumi. Mit großzügiger Geste griff er in die Tasche, nahm eine Münze heraus und warf sie auf die Straße, damit Shams sie aufheben sollte. Dann befahl er dem Bettler, beiseite zu treten und den Weg freizugeben. Shams lachte, tat aber, wie ihm geheißen war, und Rumi ging mit seinen Schülern weiter.

Es war nur eine momentane Begegnung, aber sie hatte Rumi irgendwo zutiefst berührt. Trotz seiner Klugheit und Vornehmheit ließ ihn die Erinnerung an die Augen des schmutzigen Bettlers nicht mehr los. Er konnte den Mann einfach nicht vergessen und wurde immer ärgerlicher, weil das Bild die Klarheit seiner Gedanken, die Fähigkeit, so zu sein, wie er sein Leben lang gewesen war, störte. Es wurde so schlimm, dass Rumi Schwierigkeiten hatte zu schlafen und hinaus auf die Straße laufen wollte, um den Mann wiederzusehen. Er wusste nicht einmal den Namen des Bettlers, und da die Stadt voller obdachloser Bettler war, sagte Rumi sich, dass es wahrscheinlich sehr dumm wäre, planlos auf der Straße zu suchen, und dass er sich wahrscheinlich selbst zum Narren machen würde. Also tat er so, als sei nichts geschehen, und wurde immer ungeduldiger und reizbarer gegenüber seinen Schülern. Als am nächsten Tag die Vision des Bettlers eher noch stärker wurde, hielt Rumi es nicht mehr länger aus, und er ging auf die Straße.

Er bekam Angst. Er fürchtete, verrückt zu werden. Nie zuvor hatte er ein solches Problem gehabt, und dennoch hatte er sich nie zuvor so ekstatisch gefühlt, so, als könnte er jeden Moment das große Geheimnis, den geheimsten Schatz, entdecken.

Wie aus dem Nichts stand plötzlich Shams vor ihm und schaute Rumi direkt in die Augen. Sofort fiel Rumi zu Boden, weinend und völlig aufgelöst in Ekstase. Als er schließlich sein normales Bewusstsein wiedererlangte, dämmerte es ihm, dass dies es war, worüber er immer wieder in der mystischen Literatur gelesen hatte. Darauf hatte er ein Leben lang gewartet, aber nie zuvor hatte er es wirklich erfahren.

Rumi ergriff die Chance seines Lebens, verließ alles und ging mit Shams. Er sagte seinen Schülern, dass er ein Sabbatjahr nehme, und begann seine formalen Pflichten sowie seine gewohnte Arbeit zu vernachlässigen. Seine Schüler waren sehr verärgert. »Ich bin seit Jahren euer Lehrer,« sagte er ihnen, »aber ich wusste nie, was ich euch eigentlich lehrte. Ich hatte mein Wissen nur aus Büchern, aber nun ist mein wahrer Lehrer gekommen. Macht euch also aus dem Staube, ihr Gimpel!« Rumi war voller Liebe für den wandernden Derwisch, alles in seinem Leben fiel plötzlich von ihm ab, bis auf die Poesie, die er für Shams zu schreiben begann.

Wahrscheinlich kannst du dir vorstellen, dass Rumis Schülern die Situation gar nicht gefiel. Sie dachten, dass Shams ihren Lehrer hypnotisiert hätte, dass er ein Magier sei oder gar der leibhaftige Teufel und dass er zerstört werden müsse. Sie begannen, einen Plan zu schmieden, um genau das zu erreichen. Sie drohten ihm mit Gewalt. Sie boten ihm Geld, wenn er ginge, aber Shams lachte ihnen nur ins Gesicht.

Eines Nachts, so geht die Legende, luden Rumis Schüler Shams ein, auf das Dach einer ihrer Wohnungen zu kommen, und gaben vor, mit ihm ein Problem diskutieren zu wollen. Als Shams eintraf, erstachen sie ihn.

Rumi erfuhr, was geschehen war, und verlor angesichts der Aussicht, für den Rest seines Lebens ohne Lehrer leben zu müssen, seinen Verstand. Der Preis für seine Sehnsucht war der vollständige Verlust aller seiner Illusionen. Sein Wahnsinn verwandelte sich in ein Leben der demütigen Hingabe, was seinen Ausdruck unter anderem in dem wirbelnden Tanz der Derwische fand.

Die Tiefe der Sehnsucht, die aus der Beziehung Rumis zu Shams erwachsen war, wird oft benutzt, um die höchstmögliche Beziehung zu Gott zu beschreiben, die ein Mensch haben kann.

Als Rumi bereit war, erschien Shams. Wenn ein Schüler
Sehnsucht hat, kann nichts, aber auch gar nichts, dem Lehrer im Wege stehen, diese Sehnsucht zu stillen, denn eine
echte Sehnsucht erschafft einen Prozess gegenseitigen Näh-
rens. Das heißt, die Sehnsucht des Schülers wird eine aufs
höchste verfeinerte und notwendige Nahrung für den Lehrer.

Natürlich müssen die verkümmerten Formen der Sehnsucht, die wir erkennen, ebenso wie Scheinheiligkeit und
Götzenanbetung, beseitigt werden, bevor uns die echte
Sehnsucht mit ihrer wesentlichen Qualität nähren kann. Es
ist sehr leicht, gewöhnlichen Bedürfnissen eine höhere
Definition zu geben und sie mit echter Sehnsucht zu ver-
wechseln. Wenn deine Sehnsucht auf ein neues Auto oder
eine schöne Wohnung gerichtet ist, dann ist es ziemlich
offensichtlich, dass sie nicht die echte ist. Wenn du jedoch
von deiner Sehnsucht nach Gott sprichst, dann ist es leicht,
dich selbst zu täuschen. Menschen können in dieser Hinsicht alle möglichen Phantasien entwickeln. Sie können
ihre Sehnsucht leicht missbrauchen, um den harten Fakten
der Realität aus dem Wege zu gehen. Aber mit wirklicher
Sehnsucht funktioniert das nicht. Einige der größten Sufis,
die sich über den Begriff der Sehnsucht geäußert haben,
gehörten zu den praktischsten Menschen. Sie hatten Familie und Beruf und trugen Verantwortung. Sie kümmerten
sich um alles, waren wohltätig, höflich und ehrlich.

Auf der anderen Seite sprechen die Sufis über einen Ort
namens »Taverne des Ruins«. Dies ist der Ort für Menschen, die der Geschmack, den sie an der Sehnsucht gefun-

den haben, ebenso »ruiniert« hat, wie Rumi durch seine Sehnsucht nach Shams ruiniert wurde. Gewöhnlich üben wir uns, reifen heran, werden sicherer in unserer Erfahrung, sind immer weniger verwirrt, und all das in stetig fortschreitender Entwicklung. Aber irgendwann gibt es einen Punkt, an dem es kein Zurück mehr gibt. Man fällt direkt in das Herz Gottes hinein, und zwar auf eine Weise, die es erforderlich macht, mit allen Ablenkungen und Phantasien vollständig zu brechen, die man über das Leben, die Realität, die Illusion der Dinge hat. Es ist eine Art endgültiger Bruch mit dem Ego. Von diesem Punkt an ist es für das Ego nicht mehr möglich, wieder zu seiner alten Unabhängigkeit zurückzukehren. Auf dieser Ebene wird alles vollkommen irrelevant, außer dem Göttlichen. Die Arbeit selbst löst dich an diesem Punkt von allem anderen los. Sie verlangt von dir nicht mehr länger dieselben Verpflichtungen. Du hast einen anderen Beruf ergriffen.

Im Neuen Testament gibt es eine Geschichte, die das, was ich hier sagen will, gut illustrieren kann. Jesus kam nach Bethanien, um seine Freunde Lazarus, Martha und Maria zu besuchen. Lazarus begrüßte ihn und führte ihn ins Haus. Als Jesus sich setzte, setzte sich Maria zu seinen Füßen und begann zu weinen. Ihre Tränen waren so ergiebig, dass sie Jesus' Füße damit wusch. In der Zwischenzeit lief ihre Schwester Martha umher, backte Brot und deckte den Tisch. Sie hatte so viel zu tun, um alles dem wichtigen Anlass angemessen zuzubereiten, dass sie sich bald darüber ärgerte, dass Maria ihr nicht half. Also maulte sie ihre Schwester, oder vielmehr Jesus, an und sagte: »Los, erhebt eure müden Knochen, kommt her und helft mir, alles vorzubereiten!« Aber Jesus wies Martha dafür zurecht. Er sagte: »Du hast eine Aufgabe und Maria eine andere, und sie liebt mich aufrichtig. Du wahrst die Form, aber sie hat ein wirklich verehrendes Herz.« (Ich gebe das hier sehr frei wieder, natürlich nicht in der Sprache des Neuen Testaments.)

Hingabe für den Lehrer ist Hingabe für Gott. Oft hört man jemanden sagen, dass er Gott verehrt, aber jegliche Form der Hingabe für einen Menschen ablehnt. Er behauptet, dass das eine Ablenkung von den Realitäten wäre.

Eine hingebungsvolle Beziehung zu Gott setzt einen erheblichen Grad an Bereitschaft voraus, verletzlich zu sein. Dies ist außerordentlich unbequem, es sei denn, jemand hat eine angeborene Neigung dazu. Ich hatte sie ganz sicher nicht. Im Gegenteil, ich neigte immer zu extremer Kühle und Gelassenheit. Als ich noch ganz klein war, kamen häufig meine Onkel und Tanten zu Besuch und wollten mich küssen und umarmen. Ich scheute mich jedoch, ihnen nahezukommen. Jeder dachte, ich hätte das kälteste Herz in der Familie. Ohne diese Arbeit hätte ich wahrscheinlich mein ganzes Leben lang eine ganze Dimension meines Wesens – das Herz – vollkommen verschlossen und unterentwickelt gelassen.

Während der Organismus heranreift, entwickelt sich das Bedürfnis nach einer objektiven Form von Hingabe. Die meisten Menschen fühlen diesen Drang und leben ihn aus, indem sie auf widerliche Weise sentimental und übertrieben romantisch werden. Sie bekommen bei jeder Gelegenheit feuchte Augen und fangen an zu seufzen, wenn sie ein Liebespärchen Hand in Hand auf der Straße sehen. »Ist das nicht wundervoll!« Aber das ist kein Ausdruck wahrer Hingabe. Das Wesen des Herzens liegt nicht darin, nur Emotionen zu fühlen, sondern sich für Anbetung, Majestät, Glorie, Schönheit und Vertrauen zu öffnen.

Gurdjieff war ein großer russischer Mystiker mit einer sehr großen Anhängerschaft, besonders in Europa und Amerika. Bevor er starb, wies er ausdrücklich darauf hin, dass jeder, der bei seinem Begräbnis irgendeine sichtbare Gefühlsregung zeigte, nichts von dem verstanden haben konnte, was er lehrte. Tatsächlich erlebten Gurdjieffs Schüler ihn nur bei einer einzigen Gelegenheit sichtbar emotional erregt. Diese Geschichte ist sehr bemerkenswert:

Einige Schüler wurden von Gurdjieff dazu bestimmt, in die Welt zu gehen, um zu lehren und die Arbeit zu repräsentieren. Da keiner dieser Schüler in seiner eigenen Arbeit vollkommen war, wurden sie mit der Auflage ausgesandt, dass sie, wenn sie mehr Informationen, mehr Hilfe brauchten, zurückkehren sollten. Manchmal begab sich Gurdjieff selbst zu einem dieser Schüler, aber immer blieb klar, dass ihr Verhältnis zu Gurdjieff eine Lehrer-Schüler-Beziehung war und dass diese fortgeführt wurde, um entwickelt und vertieft zu werden.

Einer dieser Repräsentanten, ein Mann namens Orage, wurde nach Amerika gesandt, wo er eine sehr große Schar von Anhängern um sich sammelte. Er war sehr charismatisch und hatte viel persönliche Energie. Das Problem war, dass Orages Schüler sehr begeistert von ihm waren, aber die meisten überhaupt nicht wussten, wer Gurdjieff war. Also sammelte Orage Geld und traf Vorkehrungen, dass Gurdjieff ihn besuchen und mit den Schülern arbeiten konnte, die er um sich versammelt hatte, und der Meister war einverstanden.

Als Gurdjieff eintraf, wurde er zu einem Treffen von Orages Schülern gebracht. Er schaute sich nur einmal kurz im Raum um und sagte, dass es für ihn eindeutig sei, dass Orage sie vollkommen falsch unterwiesen habe. Er sagte, dass er fühlen könne, dass keiner von ihnen wisse, was er tue, und dass ihre gesamte Arbeit vollkommen wertlos sei.

Gurdjieffs Lehrmethode war sehr streng. Er war außerordentlich grob zu seinen Schülern und trieb sie oft in Situationen, die nicht nur ein Schock für sie waren, sondern sie körperlich wie emotional extrem belasteten. Er war ein sehr, sehr harter Lehrmeister. In diesem Falle nannte er Orage einen » falschen Meister«, sagte den neuen Schülern, dass sie einen Scharlatan zum Lehrer hatten, der die Verantwortung, die ihm übertragen worden war, missbraucht hatte. Dann sagte er der Gruppe, dass er, Gurdjieff, der Lehrer Orages sei und dass nur er, aber nicht Orage, die Arbeit kenne. Jeder, der wirklich Teil der Arbeit sein wolle, sagte Gurdjieff, müsse direkt sein Schüler werden und eine Erklärung unterschreiben, in der er verspreche, alle Beziehungen zu Orage abzubrechen – ihn nicht mehr zu sehen, nicht mehr mit ihm zu sprechen, nichts zu lesen, was er geschrieben habe. Nichts.

Gurdjieff traf Vorkehrungen, dass einer nach dem anderen am nächsten Nachmittag die unterschriebene Erklärung in sein Apartment bringen konnte. Jeder, der das nicht täte, sagte er, sei, was die Arbeit anbelange, erledigt.

Wie man sich leicht vorstellen kann, wurde die Gruppe in absoluten Aufruhr versetzt. Ein paar der Anwesenden erkannten sofort die Überlegenheit Gurdjieffs und entschlossen sich zu unterschreiben. Andere rannten zu Orage und fragten: »Was sollen wir tun? Du bist der Lehrer, sag uns, ob wir unterschreiben sollen oder nicht.« Einige fragten ihn: »Was soll das bedeuten? Was machst du denn jetzt? Wirst du weiterhin lehren?« Aber getreu der fortgeschrittenen Stellung Orages in der Arbeit weigerte er sich, irgend jemandem einen Rat zu geben. Er sagte ihnen einfach: »Tut, was ihr zu tun habt.«

Am Nachmittag des folgenden Tages begab sich Orage zu Gurdjieffs Apartment. Er bewegte sich auf den Meister zu, stand direkt vor ihm und gab ihm die unterschriebene Erklärung, in der er versprach, nie mehr etwas mit sich selbst, Orage, oder mit irgend jemandem, der etwas mit Orage anfängt, zu tun zu haben, und bekannte sich dazu, dass Gurdjieff sein einziger Lehrer sei.

Gurdjieff nahm das Papier, ging, ohne seinen Gesichtsausdruck zu verändern, in die Küche zum Waschbecken und begann dort zu weinen. Das war das einzige Mal, dass irgendeiner seiner Schüler jemals eine deutliche Gefühlsäußerung Gurdjieffs gesehen hat. Dennoch denke ich nicht, dass man sagen kann, dass Gurdjieff ein Mensch war, der nicht voller Hingabe und Gefühl war.

Echte Hingabe, Hingabe für die Wahrheit, ist voller Leidenschaft und Intensität, voller Leben, Saft und Energie. Viele Zen-Meister sind gute Beispiele dafür. Das erste Mal, als der Dichter Gary Snyder den Zen-Lehrer D.T. Suzuki traf, war Snyder noch sehr jung und von der Literatur des Zen und den buddhistischen Lehren gefesselt. Für sein Alter und seine hoch entwickelte und sensible Intelligenz sowie für seinen Mangel an Erfahrung war er sehr impulsiv. Er sparte sein ganzes Geld mit dem Ziel, nach Japan zu reisen, um Suzuki in dem Tempel zu besuchen, in dem er lebte. Als er schließlich ankam, war er natürlich sehr aufgeregt.

Suzuki begrüßte Snyder und seinen Freund und lud die beiden sehr freundlich ein, ihn in den Tempel zur Meditation zu begleiten. Sie waren überwältigt vor Freude angesichts der Vorstellung, diesen großen Mann bei seiner Meditation zu beobachten – den Mann, der für sie das Ziel der Selbstverwirklichung verkörperte.

Suzuki ging in den Tempel, und die Männer folgten ihm. Er begann, Kerzen und Räucherwerk anzuzünden und dem Buddha-Schrein seine Reverenz zu erweisen. »Was ist denn das?« fragten sie den großen Meister. »Was soll denn diese Bilderverehrung? Man soll doch den Buddha verbrennen, ihn töten ...« (Weil sie so eifrige Zen-Schüler waren, hatten sie natürlich alle Zen-Geschichten gelesen.) Suzuki drehte sich um und sagte ganz sanft und höflich: »Ihr verbrennt den Buddha, ich verehre den Buddha.«

Was natürlich damals nicht gesagt wurde, war, dass Suzuki bereits vor Jahren seinen Buddha »getötet« hatte. Er hatte bereits den Zustand der Non-Dualität verwirklicht. Aus diesem Grunde war es ihm möglich, wahre Hingabe zum Ausdruck zu bringen. Den Buddha zu »töten« ist nur der erste Schritt. Das Leben bleibt jedoch nicht beim ersten Schritt stehen. Man muss weitergehen – immer – oder man stirbt.

Es ist wahr, dass es keine Trennung zwischen uns und Gott gibt, dass es nichts gibt außer Gott. Gott ist nicht ein Ding oder jemand, den wir außerhalb von uns selbst suchen oder anbeten können. Es ist ebenfalls wahr, dass Menschen eine

organische Veranlagung für eine Vielzahl von gedanklichen, gefühlsmäßigen und körperlichen Ausdrucksformen
haben und dass es eine Qualität des menschlichen Wesens
gibt, die außerhalb einer bestimmten Stimmung der Hingabe und Anbetung nicht befriedigt werden kann. Dann
jedoch stellt sich die Frage: Demut für wen? Hingabe an
was? Wir werden dafür eine Antwort finden müssen.

Der erste Punkt ist folgender: Es ist unmöglich, wirkliche Demut zu kennen oder zu erfahren, wenn man nicht
vorher von der Verwirklichung der Non-Dualität verzehrt
wurde – der Verwirklichung der Erleuchtung. Jegliche Demut, die ohne die stillschweigende Voraussetzung, dass das
Göttliche alles ist, was es gibt, gefühlt oder ausgedrückt
wird, kann zwar vollkommen aufrichtig, lauter in ihrer
Absicht, positiv und frei von Gewalt und Negativität sein,
aber trotzdem ist es keine wahre Demut – ganz gleich, wie
sie aussieht oder sich anfühlt. Man kann wahre Demut für
einen Moment fühlen, wenn man eine Vereinigung mit
dem, was »alles« ist, erfährt. Aber in derselben Minute, in
der die Erfahrung der Non-Dualität uns verlässt, und wir
wieder in unseren typisch neurotischen Zustand zurückkehren, ist alles, was dann ausgedrückt wird, nur die ver-
zweifelte, frustrierte Nachahmung der wirklichen Demut.

Der zweite Punkt in Bezug auf Demut hat mit der einge-
henden Betrachtung des persönlichen Geliebten zu tun.
Die Sufis definieren dies als eine externe, endgültige und
personalisierte Form Gottes. Sie verleihen dem Geliebten
vollkommene menschliche Eigenschaften und drücken ihr
Verhältnis zu ihm in der Poesie aus. Oft schildert die Poesie
die unvorstellbare Schönheit der Haut des Geliebten. Seinem Haar, den Locken, Augen und Lippen, jedem Aspekt
des geliebten Antlitzes wird die außergewöhnlichste und

majestätischste Eigenschaft zugeschrieben, um den Betrachter in Ekstase zu versetzen.

In der hinduistischen Poesie ist das meiste, was über den geliebten Krishna gesagt wird, sehr erotisch. Viele Gedichte beziehen sich auf die entblößte Brust Krishnas und das Gefühl seiner Haut, wenn sie sich gegen die Brust der Gopis drückt, sowie auf den Schweiß des Eifers ihrer Begegnungen. In der Sufi-Poesie wird dagegen ausschließlich das Gesicht und vielleicht noch der Hals beschrieben, als sei alles, was darüber hinausgeht, zu viel, um es sinnlich ertragen zu können. Die Hitze und Stimmung dieser Sufi-Poesie kommt nicht davon, den Geliebten zu haben oder mit ihm vereint zu sein, sondern aus der Süße der Sehnsucht nach dem, von dem du weißt und fühlst, dass es vollkommen ist, was du aber niemals erreichen wirst.

Ein Mann erzählte mir eine unglaubliche Geschichte, die sich hierauf bezieht. »Ich suchte eine sehr lange Zeit«, teilte er mir mit, »und schließlich fand ich die Frau meiner Träume. Sie war vollkommen. In dem Augenblick, in dem wir uns trafen, wussten wir beide, dass wir uns gefunden hatten. Wir saßen stundenlang zusammen und sprachen miteinander, selbst wenn es wenig gab, was wir zu bereden hatten. Dann lud sie mich in ihre Wohnung ein, und auf dem Weg erklärte sie mir, dass es wenig in ihrem Leben gebe, woran sie hänge. Das, was sie am meisten liebe, sei ihr Hund. Nun, wir gingen in ihre Wohnung, und ich traf ihren großen freundlichen schwarzen Hund. Während die Frau im Bad war, fing ich an, mit dem Hund zu spielen. Ich fand einen Ball und begann, damit zu werfen. Jedes Mal wenn ich den Ball warf, rannte der Hund, schnappte den Ball und brachte ihn wieder zu mir zurück. Welch ein Spaß! Ich mochte den Hund, und wir verstanden uns sofort, keine

Probleme. Während wir spielten, kam der Hund immer mehr in Fahrt und ich ebenfalls. Ich warf den Ball sehr hart, er flog aus dem Fenster und der Hund sprang hinterher. Die Wohnung der Frau war im fünften Stock.

Ich brauchte ein paar Minuten, um zu begreifen, was passiert war. Dann plötzlich traf es mich wie ein Schlag. Ich sprang auf. Ich verließ ihre Wohnung, während sie noch im Bad war, und sah sie nie wieder. Aber ich habe immer Sehnsucht nach ihr, fühle deutlich den Verlust der einzigen idealen Beziehung, von der ich jemals eine Vorahnung bekommen habe.«

Es ist eine absurde, aber sehr bedeutungsvolle Geschichte. Verstehst du, was dahintersteckt? Als das geschah, war der Mann etwa fünfundzwanzig Jahre alt. Er war der Frau seiner Träume begegnet. Aber nun, für den Rest seines Lebens, wird alles, was er sehen oder tun wird, von der Erinnerung an diesen Moment berührt sein, von der Erinnerung an das letzte Mal, als er das Gesicht dieser Frau gesehen hat.

Die Sufi-Poesie dreht sich nicht darum, das Antlitz des Geliebten immer wieder zu sehen oder es jedes Mal besser kennenzulernen. Sie dreht sich um den einzigen echten Einblick und um das Wissen, welches daraus resultiert. Das ist alles: eine Schönheit, die so überirdisch, so unerreichbar ist, dass man in dem Moment, in dem man sie erblickt, einfach *weiß*, dass dies alles ist, wonach man sich jemals gesehnt hat. Niemals wird diese Schönheit, wenn der Augenblick vorüber ist, wieder kommen können.

In der Baul-Tradition in der indischen Provinz Bengalen spricht man über den Geliebten als »Herzensmensch«. »Maner manush« ist das bengalische Wort dafür. Man spricht vom Geliebten nicht als jemanden, den man in der

Außenwelt findet, sondern der im Herzen des Menschen darauf wartet, ihn in Ekstase zu befreien. Dies ist die Tradition, der ich mich als am engsten zugehörig bezeichne. Es ist eine relativ junge Tradition, erst einige hundert Jahre alt. In Indien sind die indischen Sufis die einzigen, die die Baul als etwas anderes als nur Diebe, Lügner und Bettler akzeptieren.

Es ist die *Sehnsucht* nach dem Geliebten, die den Verehrer verwandeln wird, nicht sein Besitz. Dieses Prinzip zu verstehen ist sehr wichtig. So etwas wie Vollkommenheit gibt es nicht. Trotzdem kann ein Mensch in seiner endgültigen Verwirklichung niemals wirklich zufrieden oder erfüllt sein, ohne irgendeine Form von Vollkommenheit erfahren zu haben. Jegliche Kunst ist der Versuch, in der Realität Vollkommenheit zu verwirklichen oder hervorzubringen.

Dennoch ist ein Kunstwerk nur ein Stück Scheiße. Jedes Kunstwerk. In dem Augenblick, in dem der Künstler das Antlitz des Geliebten erblickt, wird die Vollkommenheit auf die menschliche Ebene heruntergezogen. Das Kunstwerk als Versuch, dieser Vision eine Form zu geben, ist nur das, was von der Vision übriggeblieben ist.

Die Pietá als Kunstwerk oder die Messen von Bach können im Betrachter oder Zuhörer eine Ekstase hervorrufen, aber wenn man wirklich die Essenz des Künstlers in diesem Werk begreift, verspürt man eher einen unstillbaren Hunger, nicht Befriedigung. Im Moment der Ekstase gibt es Befriedigung, aber dann geht alles vorüber, einschließlich der Ekstase. Wahre Ekstase hinterlässt immer eine Spur, die mehr ist als egoistischer Hunger, etwas, was über das Bedürfnis, sich außerhalb des Leidens zu stellen, hinausgeht. Im Moment wahrer Ekstase vergisst das Ego.

Das reine Sein verlangt nach Ekstase, denn nach der Ekstase kommt die Erinnerung. Die Ekstase selbst ist nur ein Erlebnis wie jedes andere, aber sie ist eine Pforte. Ihr Wert liegt an der Stelle, wo sie Durchgang zu etwas anderem ist, nicht in der Intensität der schönen Gefühle, aus denen sie besteht.

So etwas wie Vollkommenheit gibt es nicht, und trotzdem gibt es wahre Hingabe – die Sehnsucht, Vollkommenheit in persönlicher Form zu huldigen. Es ist ein Paradox. Es gibt keine Vollkommenheit, und dennoch ist alles vollkommen. Darum dreht sich die Erkenntnis der Non-Dualität: dass alles Leben, alles, was du um dich herum siehst, vollkommen ist. Aber das muss wirklich erfahren, nicht nur als Vorstellung oder Begriff verstanden werden. Zu erfahren, dass alles vollkommen ist, ist etwas anderes als zu versuchen, das Leben so zu sehen, als sei es vollkommen. Dieser Versuch kann einen Menschen zum Wahnsinn treiben. »Vollkommen? Du meinst doch nicht etwa, den Rüpel, der mir gerade die Vorfahrt genommen hat? Der auf gar keinen Fall!«

Das Antlitz des Geliebten ist etwas ausschließlich Menschliches. Die Vorstellung der Baul von einem »Herzensmenschen« ist ein wortgetreues Bild, das sich auf die potentielle menschliche Vollkommenheit bezieht. Also stellt sich die Frage, ob unsere Demut auf einen tatsächlichen Gegenstand, ein Objekt gerichtet ist. Absolut nicht. Ist die Demut dann auf ein leeres Ideal, eine Art archetypisches Symbol gerichtet? Auch hier ist die Antwort nein. Wie ist das möglich?

Die Buddhisten kennen einen Aspekt des Dharma, der in dem Satz enthalten ist: »Leere ist Form, Form ist Leere«. Also die Frage: »Gibt es irgendwo einen tatsächlichen Geliebten? Hat der Geliebte, das Ideal der Vollkommenheit, das unmöglich zu erreichen ist, eine Form?« Nein, er hat keine. Es ist die Leere. Dann ist Leere aber auch Form. »Ist dieser Körper, den ich bewohne, den du bewohnst, leer?« Wir haben gewiss das Gefühl, dass er das nicht ist. Er ist klar und deutlich Form und Gestalt. Er fühlt, denkt, strahlt Gefühle aus, kann anderen Formen gegenüber definiert und unterschieden werden. Er steht eindeutig in Beziehung zu einem zeitlichen, räumlichen Gefüge. Dennoch ist die Verwirklichung der Erleuchtung die Erkenntnis, dass dieser dein Körper ebenfalls absolute Leere ist.

Form ist Leere, Leere ist Form. Ob der Geliebte der »Freund« der Sufis, der höchste Begleiter ist, ob er der »Herzensmensch« der Baul ist, ob er Krishna ist oder Jesus für den kontemplativen Christen, dessen Meditation darin besteht, Jesus als Geliebten oder Partner zu nehmen und ihn in dieser Form zu verehren, es ist alles dasselbe. Das, was wir hingebungsvoll verehren, ist *die Erfahrung der Einheit mit allem, was ist. Dies ist der Zustand der demütigen Hingabe für die Non-Dualität, die Nicht-Zweiheit.*

Solche Demut »tötet« buchstäblich den Buddha und zerstört die Vorstellung oder das Bild von Gott als Erlöser, als Gegenüber. In den ersten paar hundert Jahren nach Buddhas Tod war es verboten, Abbilder von ihm zu machen. Die frühesten Bildnisse zeigten nicht das Gesicht Buddhas, sondern seine Fußabdrücke. Man malte Fußspuren voller Symbole, die alles beinhalteten, für was der Buddha stand. Eine ähnliche Entwicklung fand im Christentum statt. Die am weitesten verbreitete Praxis in den ersten

Jahrhunderten nach Christus war eine Meditation namens »Herzensgebet« oder »Jesusgebet«. Ihr Ausdruck im menschlichen Bereich war jedoch nicht Jesus von Nazareth, sondern vielmehr der Christus des Seins. Wenn man die Meditation des Herzens verwirklicht, wird die Demut vor Jesus absolut. Hingebungsvolle Verehrung für Jesus wird nicht definiert durch die oberflächliche Vorstellung von Jesus als Sohn Gottes oder als Wundertäter und Heiler, sondern von Jesus als dem unbegreiflichen, paradoxen Christus. Es gibt keinen rationalen Christus. Dass ein menschliches Wesen auch ein Christus oder ein Buddha sein kann, ist vollkommen unbegreiflich. Dies kann nur auf eine Ebene außerhalb von Raum und Zeit zurückgeführt werden, außerhalb der Ebene der Dualität. Innerhalb der Dualität ist es völlig unmöglich.

Erst wenn man auf dem Fundament der Erkenntnis der bereits gegenwärtigen Erleuchtung steht (da es niemals eine wirkliche Trennung von Gott gibt, kann es auch keine »Nicht-Erleuchtung« geben), macht man sich bereit für die Möglichkeit demütiger Hingabe. Wenn man verantwortlich und mit Integrität mit dem Wissen umgeht, erleuchtet zu sein, wird der Körper spontan und natürlich in einen Zustand hineinwachsen, in dem Demut von allein entsteht, ungerufen und häufig völlig unerwartet.

Die eigene Erleuchtung zu erkennen heißt, das zu haben und zu werden, was ich einen »Geist, der keine Schlüsse zieht« nenne. Wenn das geschieht, gibt es keine Fragen mehr und keine Probleme darüber, was oder wem gegenüber man seine Demut zeigt. Man fühlt einfach die Demut, man weiß und folgt seinem Instinkt. Gleichzeitig erkennt man, dass man zwar in die Dualität zurückgekehrt ist, aber innerhalb des Kontextes der Non-Dualität – im

Gegensatz zu einer Suche nach der Non-Dualität innerhalb des Kontextes der Dualität. Dann findet nicht nur die *Erkenntnis* der Wahrheit statt, sondern der praktische Ausdruck der Wahrheit in der Welt.

Das ist vorerst alles.

VIII

ÜBER DIE

GEMEINSCHAFT

Es ist meine entschiedene Absicht, Gemeinschaft zu stiften und eine spezifische Kultur zu initiieren, nicht einzelne Schüler um mich zu sammeln. Mit Kultur meine ich etwas, was eine umfassende Lebensschulung umfasst – über Geburt, Empfängnis, Schwangerschaft, Erziehung, Tod, alles, was dazugehört. Eine Kultur bestimmt den ganzen Kontext, wie man sein Leben führt – besonders das Verhältnis zur Kunst und zur Schöpfung von Kunstwerken. Es ist wichtig zu erkennen, dass der eigene Körper ein Kunstwerk ist und dass Kunst sich in Form von Kleidung, Reinlichkeit, Ernährung und Bewegung ausdrückt.

Die Kultur einer funktionierenden Gemeinschaft sollte Behinderte, Nicht-Behinderte, emotional Gestörte, nicht emotional Gestörte (falls es so etwas gibt), Kleinkinder, Kinder, Erwachsene und alte Menschen einschließen. Eine Gemeinschaft besteht aus *allen* Menschen, nicht nur aus jungen, gesunden, dynamischen Leuten.

Ich betrachte die Bildung einer Gemeinschaft, die nach den Regeln eines Stammesverbandes organisiert ist, als unseren wichtigsten kulturellen Beitrag, der imstande ist,

den entmenschlichenden Elementen der gegenwärtigen Weltkultur zu widerstehen. Dennoch weiß ich, dass es außerordentlich schwierig ist, von Menschen mit den verschiedensten Hintergründen und persönlichen Vorlieben zu erwarten, dass sie zusammenkommen und eine solche Gemeinschaft aufbauen. Das ist aber die Zielvorstellung. Das ist das Ziel, für dessen Verwirklichung meine persönliche Arbeit geschaffen ist.

Typisch für die westliche Gesellschaft ist es, dass die Menschen große Angst haben, in einer Gemeinschaft ihre Individualität zu verlieren. Das ist eine berechtigte Angst. In der großen Masse der Menschheit im allgemeinen, in vielen religiösen Gruppierungen und insbesondere in den meisten politischen Gemeinschaften passiert genau das. Politische Gemeinschaft erfordert geradezu, dass Menschen auf ihre Individualität verzichten, ansonsten kann es keine Gemeinschaft geben.

In einem echten Stammesverband wird das Primat der Gemeinschaft von allen dazugehörigen Individuen stillschweigend anerkannt. Diese Anerkennung geschieht jedoch nicht auf Kosten der Individualität der Mitglieder. In solchen Kulturen fügen sich höchst ausgeprägte und starke Individuen vollkommen in die Gemeinschaft ein, und es gibt keinen Konflikt. Wir können uns eine solche Situation überhaupt nicht vorstellen. Im Westen haben wir keine direkte Erfahrung mit wirklicher Gemeinschaft. Wir mögen wohl über Stammeskulturen gelesen haben oder sind vielleicht sogar hingereist und haben uns in ihrer Mitte aufgehalten, aber wir verfügen im großen und ganzen nicht über entsprechende Vorbilder. Alles, was wir kennen, ist die Familie als Kern der Gesellschaft: Mutter, Vater und »zweieinhalb« Kinder – es gibt wohl keine politischere

Gemeinschaft als diese. Oder wir sehen die »Wirtschaftsge-
meinschaft« einer Firma als unsere Gemeinschaft an. Aber
auch das ist ein sehr schlechtes Vorbild.

Es ist also kein Wunder, dass wir uns nicht vorstellen
können, wie wir in einer Gemeinschaft leben und dennoch
ein gewisses Maß an Individualität beibehalten können.
Wenn unser Interesse auf spirituelle Gemeinschaft gerichtet ist, mögen wir uns sagen: »Diese Schule gibt ja eine
Reihe von Empfehlungen: tägliche Meditation, tägliches
Studium, tägliche Leibesübungen und viele andere, nebensächliche Dinge. Aber wenn ich ein Individuum sein will
und einfach keine Lust habe zu meditieren, wie soll ich
dann meine Unabhängigkeit bewahren?«

Deine Individualität aufrechtzuerhalten bedeutet nicht,
dass du niemals eine Sache tust, die du eigentlich lieber
nicht tun würdest, besonders wenn es ums Geldverdienen
geht. Es ist einfach eine Frage der Prioritäten. So ist es auch
in einer spirituellen Gemeinschaft. Du meditierst, studierst, absolvierst jeden Tag deine Körperübungen, und du
behältst dieselbe zynische, schlecht gelaunte Haltung bei
wie immer. Kein Problem. (Außer vielleicht für die Leute,
mit denen du zusammenlebst. Aber das ist ja nicht so
schlimm.) Wie bei allem im Leben muss ich angesichts
höherer Anforderungen manchmal einen Kompromiss eingehen in Hinblick auf meine Vorstellung von Individualität,
auf meinen eigenen Stil, auf die Dinge, die ich verfolge, weil
sie mir Freude machen.

Ich habe gewisse Freuden in meinem Leben geopfert,
nur weil andere Dinge notwendiger waren. Ich musste
meine Zeit auf andere Weise nutzen, für Dinge, die einfach
wichtiger waren als das, was ich vorher getan hatte, was ich
liebte, genoss und schätzte. Wenn dir also das Ideal der

Gemeinschaft und die Nähe, die daraus resultiert, wichtig genug sind, wirst du einfach aufgeben, Fleisch zu essen und bei jeder beliebigen Gelegenheit Kaffee und Bier zu trinken. Das ist alles. Das heißt nicht, dass du deine Individualität in einen großen Gemeinschaftstopf wirfst. Es heißt einfach, eine vernünftige Entscheidung zu treffen. Die einzige Möglichkeit, wirklich vernünftige Entscheidungen zu treffen, erwächst aus wahrer Individualität.

In unserer Gemeinschaft in Arizona leben gegenwärtig etwa dreißig Erwachsene im Ashram, von denen vielleicht die Hälfte regelmäßig an den empfohlenen Übungen teilnimmt. So, wie ich es sehe, kommt es darauf an, dass du aus deiner eigenen Individualität heraus praktizierst, weil du dich dafür entschieden hast, nicht weil du dich unter permanenten inneren Widerständen einer höheren Autorität unterordnest. Ich könnte die Regel aufstellen, dass jemand, der nicht täglich meditiert, nicht im Ashram leben darf. Aber ich tue es nicht. Noch nicht. Die Angst, dass du hier deine Individualität verlieren könntest, ist also völlig unbegründet, und nicht nur das, diese Arbeit kann dir sogar helfen, dir darüber klar zu werden, *wo diese Angst herkommt*.

Ich bitte, meine Anmaßung zu entschuldigen, aber einige von euch würden gut daran tun, das, was ihr eure »Individualität« nennt, aufzugeben. Ihr könnt mir glauben, dass euch das sehr gut bekäme. Einige Menschen halten an vollkommen verdrehten, unglücklichen Persönlichkeitsstrukturen als einer Art Symbol ihrer Individualität fest. Seltsam.

Ich finde Struktur sehr nützlich, solange wir auf intelligente Weise von ihr Gebrauch machen und ihr nicht erlauben, uns zu bevormunden. Ich habe versucht, ganz auf mich selbst gestellt, fernöstliche Kampfsportarten zu trainieren. Dabei habe ich gemerkt, dass ich in einer sehr strukturierten Gruppe zehnmal so viel lernen kann, als wenn ich allein üben würde. Allein war ich nicht in der Lage, den nötigen Druck zu erzeugen. In der Gruppe hatte ich immer den Schwarzgurt im Nacken, der mich antrieb. Er ließ mich buchstäblich auf dem Rücken liegen und in dieser Haltung über die Matte rutschen, was ich mir sicherlich selbst nicht antun würde.

Eine spirituelle Schule dient auf sehr ähnliche Weise. Es gibt zwar sicherlich »Torturen«, aber sie helfen.

Grundsätzlich besteht der Sinn einer Gruppe nicht darin, dass alle genau dasselbe tun müssen, und wenn nicht, kriegen sie eins auf die Finger. Die Gruppe ist eine Struktur, in der göttlicher Einfluss wirksam werden kann. Wir als Individuen müssen den Wert der Gruppe erkennen und unsere Beziehung zum göttlichen Einfluss aufrechterhalten. Wir müssen keineswegs mit all dem Kram, der in der Gruppe vor sich geht und dem Unsinn, den die Leute von sich geben, übereinstimmen. Und es gibt eine Menge *Kram*. Ohne Frage.

Jede Struktur hat ihre Probleme. Dies ist einfach Teil der Dynamik. Aber »Nicht-Struktur«, das völlige Fehlen von Struktur, macht noch mehr Probleme. Selbst bei Jiddu Krishnamurti gab es Grundschulen und höhere Schulen auf der Basis seiner Definition von »Nicht-Struktur« (also nach ihr strukturiert).

Um sich ohne Struktur durch das Leben bewegen zu können, *braucht* man erst einmal eine Struktur, um diese

Bewegung zu ermöglichen. Viele hören dieses Prinzip und sagen: »Okay, klingt gut. Wenn ich dein Schüler werde, wann werde ich so weit sein, dass ich ohne Struktur leben kann?« Mein Antwort darauf ist: »Ich weiß es nicht.« Du musst es selbst ausprobieren. Die meisten meiner Schüler sind schon seit langer Zeit meine Schüler. Wir haben keinen hohen »Umsatz« an Schülern in dieser Schule. Dennoch wirst du, wenn du die Langzeitschüler betrachtest, nicht feststellen, dass sie ihre Zugehörigkeit als Last oder Behinderung empfinden.

Eine Struktur vermag verschiedene Talente zusammenzubringen – auf spirituelle Weise, nicht nur in Form einer oberflächlichen Vernetzung. Eine Struktur kann darüber hinaus Energien verstärken. Nimm zum Beispiel einige einzelne, nicht miteinander verbundene Menschen. Alle haben eine bestimmte Kraft. Wenn du diese Menschen – sagen wir, es sind drei – miteinander verbindest, wird die Kraft nicht dreimal so groß, eher dreißigmal so groß sein.

Die Gemeinschaft ist wie ein Körper, und der göttliche Einfluss darauf ist wie der Kreislauf, wie die Blutzirkulation in dem Körper. Das ist sowohl wunderbar als auch gar nicht so wunderbar. In gewissem Sinne ist es so, dass jeder Nutzen einer einzigen Zelle im Körper dem ganzen Körper Nutzen bringt. Auf der anderen Seite kann Krankheit auch den ganzen Körper beeinträchtigen. In einem gesunden Körper werden, sobald eine Infektion beginnt, sofort heilende Elemente zur Infektionsquelle gesendet, um sie einzudämmen, damit nicht das Ganze infiziert wird. Bei der Gemeinschaft ist das auch so. Ihr Körper ist nicht frei von Krankheit, aber der Vorteil, ein Teil dieses Körpers zu sein, besteht darin, dass sämtliche Fähigkeiten des Ganzen zur Verfügung stehen, um seine Krankheit zu bekämpfen. Es ist wichtig, sich dennoch zu erinnern, dass der Körper nur der Körper ist. Er ist nicht der Geist. Er dient für eine bestimmte Anzahl von Jahren einem Zweck, und wenn er aufhört, seinem Zweck zu dienen, verschwindet er.

Man verlässt die Struktur, wenn sie nutzlos geworden ist, wenn man sie nicht mehr braucht. Man kann auch weggehen, weil der Körper einen abgestoßen hat. (Wenn eine Firma etwas nicht mehr braucht, dann versucht sie, es auf Nimmerwiedersehen im Archiv verschwinden zu lassen, und ein Mitarbeiter bekommt, wenn man ihn nicht mehr braucht, eine goldene Uhr geschenkt.) Wenn der Körper etwas nicht mehr länger braucht, etwa Haare oder Zähne, verliert er es einfach. Die Zähne sagen nicht, wie dies einige Menschen tun: »Gut, jetzt habe ich die Lehre. Ich denke, ich werde jetzt gehen und einen neuen Körper beginnen.« Wenn eine Eidechse ihren Schwanz an einen Vogel verliert, dann wird aus dem Schwanz keine neue Eidechse. Der Eidechse wächst ein neuer Schwanz. Es ist nützlich, das zu erkennen.

Mein Ziel für diese Gemeinschaft ist, dass sie vollständig zu einer organischen Struktur wird, die ihr eigenes Wissen besitzt und gemäß ihrer eigenen, angeborenen Intelligenz funktioniert, der Intelligenz des göttlichen Einflusses. Eine organische Struktur weiß genau, was los ist und was sie zu tun hat. Der Körper weiß, wann er atmen muss und wann das Herz zu schlagen hat. Eine »Kirche« ist das, was du bekommst, wenn du eine organische Struktur nimmst und

anfängst, Dinge hinzuzufügen, von denen du meinst, dass sie die Struktur »verbessern« würden.

Zum Beispiel: Wir haben eine sehr verzerrte Vorstellung von Fortschritt. In den USA bedeutet Fortschritt, dass man eine Frau in den Wehen auf den gynäkologischen Stuhl hievt, ihr eine Spritze in den Rücken gibt, damit sie nichts mehr fühlt, und dann das Kind irgendwie rauszieht. Das soll Fortschritt sein – als ob Frauen, bevor es Krankenhäuser, Spritzen, Röntgenaufnahmen und das ganze andere Zeug gegeben hat, nicht gewusst hätten, wie man Kinder kriegt.*

Ein weiteres Beispiel: In Indien gibt es keine Toiletten nach westlichem Stil. Man hat einfach ein Loch in der Erde und muss sich drüberhocken oder -stellen und verrichtet so sein Geschäft. Das erste Mal, als ich es ausprobierte, konnte ich gar nicht fassen, wie natürlich es war. Mein ganzer Körper veränderte sich in der Art seiner Ausscheidungen. Ich war verblüfft. Fortschritt in Indien könnte bedeuten, dass man eine Stelle schafft, wo sich jeder hinhocken kann, damit die Leute sich nicht überall im Dschungel hinhocken. Aber für das westliche Denken wäre Fortschritt, eine solche Struktur – die Toilette – zu errichten und dann buchstäblich den gesamten Körper umziehen zu müssen, um sie auf die richtige Weise zu benutzen. Das ist ganz gewiss ein Zeichen dafür, dass wir meinen, wir hätten mehr Intelligenz, als unser Körper von Geburt aus hat.

Trotzdem muss ich zugeben, dass, obwohl ich eine durch und durch organische Struktur anstrebe, die Gemeinschaft noch nicht ganz so weit ist. Es gibt immer noch Menschen, die in Machtpositionen kommen und dann in klei-

---

* siehe auch: Frédérick Leboyer »Geburt ohne Gewalt«

nen Dingen ihre Macht missbrauchen. Es gibt Elemente der Struktur, die noch nicht reif sind. Das ist es, woran wir alle arbeiten. Aber was heißt eigentlich perfekt? Wir alle arbeiten ja, um perfekt zu werden. Wir können nicht erwarten, in eine Gemeinschaft einzutreten und einfach die Perfektion darin zu finden, oder damit drohen, wieder zu gehen, wenn sie nicht perfekt ist. Wir müssen unseren ganzen Elan und unsere ganze visionäre Kraft einbringen.

In einer organischen Struktur braucht man sich niemals selbst zu entscheiden, wann für etwas der richtige Zeitpunkt gekommen ist. Die Struktur sorgt selbst dafür. Wenn du zum Beispiel eine Blume voller Samen nimmst, dann braucht der Samen nicht zur Blume zu sagen: »Jetzt sind wir bereit, wirf uns in die Luft! Jetzt... Los!« Das alles geschieht einfach, ganz spontan und ganz natürlich.

Das ist die ideale Struktur. Weil aber der Geist etwas ist, das zu einer organischen Grundstruktur hinzugefügt ist, ist es sehr schwierig für Menschen, eine Struktur zu erschaffen, die organisch ist. Aber eigentlich ist es die Bestimmung jedes Menschen, darauf hinzuarbeiten, eine organische Struktur zu erschaffen und Teil von ihr zu werden. Und ich wiederhole: Das unterdrückt auf keine Weise den Wunsch des Einzelnen, ein Individuum zu sein.

Eine organische Struktur aus Menschen wird niemals Unterschiede in Geschmack, Vorlieben, künstlerischer oder emotionaler Veranlagung einschränken oder nivellieren. Eine wirklich organische Struktur wird nicht alles gleichmachen – gefügig und nett. Das geht nicht. Aber eine vom Verstand geprägte Struktur wird das tun. Sie wird einen Verein gründen, in der alle dieselben Kleider tragen, dieselbe Sprache sprechen, dieselben Filme sehen. Sie wird die Regel erlassen, dass jeder einmal die Woche donnerstags um sie-

ben Uhr abends Sex haben soll, und wenn du es verpasst, Pech gehabt, dann musst du bis nächste Woche warten.

Wenn man mit Strukturen arbeitet, die aus Menschen bestehen, kommt man immer wieder dahin, sich mit den Schwächen in der Struktur auseinandersetzen zu müssen, der Neigung von Menschen in Autoritätspositionen, ihre Macht zu missbrauchen, und alle möglichen anderen Dinge. Dennoch müssen wir hartnäckig sein, Disziplin haben und weiterhin versuchen, eine wirklich organische Intelligenz in die Struktur zu bringen, statt einer lediglich intellektuellen.

Ich glaube, dass es Gemeinschaften gibt, die tatsächlich organische Intelligenz erreicht haben, aber manchmal beruht das auf der Kraft des Lehrers. Wenn der Lehrer stirbt, geht auch die Kraft. Manchmal trägt der Lehrer für die Gemeinschaft die Last, aber für mich ist das nicht gut genug. Ich trage tatsächlich sehr viel für die Gemeinschaft. Aber mein Ziel, meine Vision für die Gemeinschaft ist es, dass sie eine organische Struktur wird, ohne dass ich das zu tragen habe.

Dies ist sehr selten in der menschlichen Geschichte. Nicht eine seltene Vision, aber eine rare Tatsache.

WAHRE GEMEINSCHAFT –

EINE KULTUR DER HEILIGKEIT

Wenn das Fundament, auf dem man versucht, ein heiliges Leben zu gründen, verrottet ist, wird früher oder später das heilige Leben so schwer werden, dass es das Fundament zerstören wird und alles andere mit ihm. Diese Formulierung mag dir den Eindruck vermitteln, dass Heiligkeit für mich an letzter Stelle steht. Ganz im Gegenteil. Für mich ist ein Leben, das nicht ein Leben in Heiligkeit ist, kein Leben. Die Vorstellung, den Rest meines Lebens in einer Kultur ohne Heiligkeit leben zu müssen, ist so abstoßend, dass sie völlig unannehmbar ist.

In den ersten paar Jahren meiner Arbeit versuchte ich eine Struktur der Heiligkeit zu erschaffen. In meiner Naivität übersah ich das Verhältnis zwischen Fundament und Struktur. Ich sah, dass wir zwar viel Gelächter, hektische Aktivität und viel missionarischen Eifer verursachten, aber mit der Zeit wurde klar, dass keine Wandlung stattfand. Falsche Heiligkeit kann durchaus Spaß machen, wenn du sie noch nicht kennst. Aber sie wird dir sehr schnell auf die Nerven gehen. Jetzt versuche ich bei meiner Arbeit, eine Kultur der wahren Heiligkeit zu erzeugen. Die Schüler, die mit mir studieren, stehen zu demselben Ideal. Einige erkennen die Schwierigkeit dieses Unterfangens und sind ehrlich bemüht, solange zu arbeiten, bis wir es erreicht haben. Für sie, ebenso wie für mich, gibt es keine akzeptable Alternative.

In einem Prozess spiritueller Wandlung gibt es eine gewaltige Menge Stress und Reibereien, die irgendwie gelöst werden müssen. Sie brauchen nicht unbedingt rausgelassen zu werden, aber irgend etwas muss damit getan werden.

Oft äußern sich die Reibereien in Form angespannter Emotionen und starker Gefühle. Wenn du dir die meisten spirituellen Gemeinschaften anschaust, siehst du, dass sie sich überhaupt nicht von einem sozialen Umfeld unterscheiden, das psychosomatische Krankheiten erzeugt. Ein feiner Unterschied besteht jedoch darin, dass, während Stress normalerweise krank macht, er, richtig eingesetzt, auch etwas anderes hervorbringen kann. Bei isometrischen Übungen zum Beispiel sind es der Widerstand und die Spannung, welche die Muskeln aufbauen.

Nicht, dass Menschen, die intensive spirituelle Arbeit tun, niemals krank werden. Im Gegenteil. Manchmal entgeht uns einfach ein gewisser Zusammenhang, oder wir muten uns zu viel zu. Wenn die Umstände der spirituellen Arbeit nicht dazu da wären, Wandlung zu erzeugen, würden sie ein beinahe ständiges Kranksein hervorbringen. Einer der Gründe, warum Schulen bewusste Übungen wie Meditation, Leibesübungen und eine bestimmte Ernährung pflegen, besteht darin, dass sie geeignet sind, die Auswirkungen des Stress aufzunehmen.

Die Reibereien der spirituellen Arbeit können, statt sich in Form von Krankheit zu äußern, tatsächlich Wandlung bewirken.

In meiner eigenen Arbeit bin ich durchaus imstande, allein zu bleiben und mich meiner eigenen Gesellschaft zu erfreuen, vollkommen losgelöst von der Gemeinschaft. Gleichzeitig geschah jedoch meine spirituelle Arbeit schon immer in einer Gruppe, mit einer Schule, mit einem Lehrer. Innerhalb einer Gemeinschaft gibt es eine bereits bestehende Struktur von Menschen, die auf den verschiedensten Ebenen arbeiten. Innerhalb dieser Struktur teilt man die auf Erfahrung beruhende Erkenntnis der Frustrationen, die damit verbunden sind, etwas zu wissen, aber nicht imstande zu sein, immer danach zu leben – das Thema der augenblicklichen Erleuchtung im Gegensatz zur allmählichen. Augenblickliche Erleuchtung findet statt, wenn jemand die Wahrheit zum ersten Mal hört und sofort weiß, dass es wahr ist. Der gesamte Rest seiner spirituellen Arbeit, die ein ganzes Leben lang dauern kann, dreht sich dann darum, fähig zu sein, diese Erfahrung mit Beständigkeit in sein Leben einzubeziehen. Du arbeitest schwer, meditierst, gehst nach Hause, und dann ist die Frau oder der Mann dort, und in dem Moment kann es durchaus passieren, dass deine ganze Meditation zum Teufel geht. Mit der Zeit jedoch, falls du deine Absicht bewahrst, über Unterstützung und Hilfe verfügst und oft genug daran erinnert wirst, wächst du in eine echte Beziehung hinein. Ich glaube nicht, dass es irgendeinen Ersatz für die Gesellschaft und die Sachkenntnis anderer Menschen gibt, die dieselben Erfahrungen gemacht haben und ein wenig über sie hinausgegangen sind.

In Aikido, Judo und einigen anderen fernöstlichen Kampfkünsten gibt es ein Prinzip, das man folgendermaßen ausdrückt: »Gib nach, damit du gewinnst«. In einer Gemeinschaft könnte das heißen, dass du anderen Leuten ihre Ego-Spiele *erlaubst*, als einen Weg, sie hervorzulocken. Wenn dann ihr Vertrauen und ihre Verletzlichkeit hervorgerufen worden sind, kann man sie auf die Ego-Spiele lenken. Das ist ein sehr wertvoller Lernprozess.

Wir müssen geduldig sein und weiterhin hart arbeiten. Mit der Zeit nähern wir uns dem Ideal. Ich glaube, dass eine Schule, eine Gemeinschaft, in gewissem Sinne sogar noch wichtiger ist als ein Lehrer. Wir alle sind bereits erleuchtet, die Erleuchtung zu *erkennen* ist also wirklich ganz leicht. Aber diese Erleuchtung *Tag für Tag* im gewöhnlichen Leben auszudrücken, das ist die wirkliche Arbeit, und dazu ist die Gemeinschaft da.

IX

ÜBER HINGABE

UND DAS GESETZ DES OPFERNS

Es ist normal, dass sich Menschen, wenn sie anfangen, sich mit spiritueller Arbeit zu beschäftigen, zuerst für Dinge wie Erleuchtung, Befreiung oder innere Freiheit interessieren. Sie bekommen ein Gefühl für das erste Gesetz des Buddha, das besagt, dass alles Leben Leiden ist, und suchen die spirituelle Arbeit, um einen Ausweg aus diesem Leiden zu finden. Denn Freiheit heißt für sie, keine Beschränkungen, keine Grenzen und unendliche Wahlmöglichkeiten zu haben. Sie wollen nicht nur die Welt, sondern das ganze Universum als Spielwiese.

Meine Erfahrung ist, dass es in wirklicher Freiheit keine Wahlmöglichkeiten gibt. Wirkliche Freiheit gibt es nur, wenn »niemand« da ist, um zu wählen. In meinem ersten Buch, »*Spiritual Slavery*« (Spirituelle Sklaverei), beschrieb ich die Essenz oder das grundlegende Prinzip aller Arbeit, die ich tue: Wenn man sich Gott unterwirft, wird man nicht mehr von den eigenen persönlichen Vorlieben und bewussten Wahrnehmungen dessen bewegt, was man ist, sondern immer nur durch den göttlichen Willen. Darin gibt es, in jedem Augenblick und unter allen Umständen, nur einen einzigen optimalen Ausdruck für jede Zelle der Schöpfung. Alles weitere ist lediglich Ausdruck des Ego.

Das Ego denkt, dass es, wenn es erleuchtet wäre, immer tun und lassen könnte, was es will, und sich nicht mehr an irgendwelche Gesetze halten müsste. Das ist jedoch nicht der Fall. Je mehr man sich dem Willen Gottes unterstellt hat, desto weniger Gesetze gibt es, aber desto absoluter werden sie. In der Welt der gewöhnlichen Aktivitäten zum Beispiel gibt es Gesetze in Form von Geschwindigkeitsbegrenzungen, Gesetze über Unterschlagung, über Falschaussagen und so weiter. Aber für die Naturgesetze sind die menschlichen Gesetze vollkommen unerheblich. Stürme und Erdbeben, Blitze und Vulkane – was kümmern die sich um Privatbesitz, um die Regel: »Rasen betreten verboten!«?

Es gibt eine Hierarchie von Gesetzen, aber das höchste Gesetz, das göttliche Gesetz, ist ein Gesetz des Opferns. Angesichts dieses Gesetzes hat kein anderes Bestand. Dazu gibt es keine Alternativen. Lasst es mich so einfach erklären, wie ich kann: Es ist das Wesen eines Ökosystems, dass alles in dem System etwas anderem zur Nahrung dient und seinerseits von etwas anderem ernährt wird. Menschen bilden dabei keine Ausnahme. Das Gesetz des Opferns bedeutet, dass wir alle »Nahrung« für etwas Höheres sind.

Wenn du anfängst, in Bezug auf dieses Gesetz zu leben, spielt es keine Rolle mehr, ob du es ablehnst, Nahrung zu werden, verzehrt zu werden im Dienste eines höheren Prozesses – »gegessen« wirst du ohnehin. Wichtig zu wissen ist dabei nur, dass man entweder einen eleganten Abgang machen kann, indem man sich freiwillig dem, was einen verzehrt, zum festlichsten Mahle macht, oder dass man gehen kann, indem man sich mit Zähnen und mit Klauen wehrt und sich die ganze Zeit beschwert und protestiert.

Werner Erhard, der Gründer von »EST« und dem »Forum«, gebrauchte oft den Satz: »Die Kreide hat den Fußboden schon berührt.« Was er damit meinte, war folgendes: Wenn du ein Stück Kreide hast und sie fallenlässt, hat sie, selbst wenn es eine kleine Zeitdifferenz gibt, in dem Moment, in dem du sie losgelassen hast, den Boden bereits berührt. Das bedeutet, dass das Gesetz der Schwerkraft innerhalb dieser Ebene von Zeit und Raum ein absolutes Gesetz ist. Sobald die Kreide deine Finger einmal verlässt, wird sie – vorausgesetzt, die Flugbahn ist frei, es sind keine Hindernisse im Weg, und es gibt keinen Eingriff aus einer anderen Dimension – Gegenstand des Gesetzes der Schwerkraft, während sie vorher Gegenstand des Gesetzes dessen war, was immer du mit Hilfe deiner Muskelkraft mit ihr anstellen wolltest.

Ebenso gibt es innerhalb unseres Verhältnisses zum Göttlichen Gesetzmäßigkeiten. Wenn wir imstande sind, uns diesen zu überlassen, werden sie unbehindert wirksam, und das Endergebnis wird bereits in dem Moment feststehen, wo wir uns ihnen überlassen haben.

Es ist daher sehr wichtig, die Gesetze zu kennen, und uns für sie freizumachen. Der Verstand verfügt über eine außerordentliche Erfindungsgabe, wenn es um Ausreden geht. Er ist äußerst raffiniert. Das Schrecklichste, was dem Verstand passieren kann, ist, nicht Herr seiner selbst zu sein, sondern unter der Herrschaft eines anderen Gesetzes zu stehen. Selbst wenn das, was der Verstand aus eigener Kraft tut, dem Göttlichen vollkommen entgegengesetzt ist, macht ihm das nichts aus, solange er weiterhin über sich selbst bestimmen kann. Das ist die Art, wie das Ego die Dinge sieht.

Wir müssen in der Lage sein zu unterscheiden, ob wir uns tatsächlich dem Gesetz des Göttlichen unterstellen, oder ob wir uns einfach verführen lassen und nur annehmen, wir hätten unser Ego aufgegeben. Verführt werden entspricht der »Sünde« in ihrer ursprünglichen Bedeutung als »das Ziel verfehlen«. (Bemerke, dass ich mich dabei nicht auf die Sünde in ihrer populären Definition als »schlechtes, falsches oder böses Tun« beziehe.) Das Ziel zu verfehlen ist jedoch nicht minder ernst zu nehmen. Thoreau sagte: »Die meisten Menschen führen ein Leben stiller Verzweiflung.« Das ist »das Ziel verfehlen«. Es ist nicht genug, ein Leben »stiller Verzweiflung« zu führen, selbst ein friedliches und angenehmes Leben oder eine neutrale Existenz sind nicht genug. Es ist wahr, wie Marcel feststellte: »Wenn du nicht Teil der Lösung bist, bist du Teil des Problems.«

Herauszufinden, was die göttlichen Gesetze sind, und sich ihnen zu unterwerfen, sich buchstäblich zum Spielball dieser Gesetze zu machen, was auch immer das für Formen annimmt, ist jedoch für die meisten Menschen furchterregend. Wenn das Ego sich dieser Arbeit stellt, erkennt es nicht, dass sich dem göttlichen Willen zu unterwerfen nicht bedeutet, *getötet* zu werden, sondern sich lediglich einer anderen Dynamik zu unterstellen. Das ist alles. Das Ego ist niemals zufrieden, solange es nicht alle Regeln selbst aufstellt, alle Fäden in der Hand hält und jedes Detail kontrolliert, nicht nur, was es selbst, sondern auch, was alle anderen in seinem Einflussbereich betrifft. Wenn es einmal erkennt, dass eines der Ziele dieser Arbeit ist, den eigenen Kontext zu verschieben, beginnt es Barrieren und Widerstände aufzubauen. Das Ego sagt: »Das ist nicht richtig. Es ist gefährlich. Du bist am falschen Ort. Du gehst besser weg von hier. Der Lehrer ist verrückt. Die Schule besteht aus einem Haufen Babys ...«

Diese Angst vor der Unterwerfung ist keine Überraschung. Der freie Wille ist keines der göttlichen Gesetze. Freier Wille ist ein Gesetz dieser besonderen Spezies, des Menschen. Aber Menschen sind nur eine von vielen Spezies in Beziehung zu Gott. Die göttlichen Gesetze reagieren nicht auf die Gesetze einer bestimmten Spezies. Menschen können sich freien Willen wünschen, um glücklich zu überleben, wie sie wollen, aber wenn sie sich mitten in einem Wirbelsturm, einem Erdbeben oder einem Waldbrand befinden, bedeutet das Gesetz des freien Willens verdammt wenig.

Das Göttliche malt ein gigantisches Bild, das nicht auf jede kleine Unregelmäßigkeit in der Leinwand Rücksicht nimmt. Und das ist es, was wir sind. Die ganze Erde ist nur eine kleine Unregelmäßigkeit auf der Leinwand, und hoffentlich ernüchtert dich diese Betrachtung. Das sollte sie jedenfalls. Zumindest für einen Augenblick.

Die Natur hat ihre eigenen Gesetze, basierend auf der Physik der Dinge. Sie handelt ohne Ansehen der Kreatur, wenngleich die meisten Kreaturen nach Ansehen der Natur handeln. Im Tierreich ist es üblich, dass schon Wochen vor einem größeren Unwetter die Vögel anfangen, ihre Nester zu verstärken, und andere Tiere beginnen, ihre Unterschlüpfe wetterfest zu machen. Der Mensch jedoch respektiert die Natur nicht. Oft baut er Städte auf Erdbebengräben und in Überflutungsgebieten, und die Folgen sind katastrophal.

Die göttlichen Gesetze haben mit der Energie der Wandlung und Evolution zu tun. Die Gesetze der Evolution anzuerkennen heißt zu sehen, dass wir als Spezies völlig entbehrlich sind. Es kommt nicht darauf an, das menschliche Leben so, wie wir es kennen, zu erhalten, sondern unsere Bestimmung zu erfüllen, zu tun, was ein Mensch energetisch tun kann. Das steht jedoch häufig im Widerspruch zur sozialen Norm. Sicherlich war das, was Mahatma Gandhi tat, der sozialen Norm seiner Zeit entgegengesetzt. Dasselbe gilt für Albert Schweitzer, Albert Einstein und Martin Luther King. Um sich der Wirkung des göttlichen Prozesses ganz zu unterwerfen, muss man gegenüber den Spielregeln allgemeiner menschlicher *Erwartungen* sehr flexibel sein.

Im Alten Testament gibt es ein hervorragendes Beispiel dafür in der Geschichte von Abraham und seinem Sohn Isaak. Abraham wird von Gott befohlen, seinen erstgeborenen Sohn zu opfern. Er führt ihn auf einen Berg und bereitet sich vor, ihn zu töten. Das ist sicherlich im Widerspruch zu dem Gesetz der Humanität. Gemäß dem Alten Testament war Gott so erfreut über Abrahams Hingabe, dass er das Leben des Jungen verschonte. Dies ist wahrscheinlich der Archetyp für das Happy End im Märchen, wo es heißt: »… und sie lebten glücklich und zufrieden bis an ihr Lebensende«.

Die göttlichen Gesetze haben mit dem zu tun, was immer einer höheren statt einer niederen Dynamik dient. Umgekehrt wird der niederen Dynamik immer durch die Exkremente der höheren gedient. Man könnte also sagen, dass die Menschen von der Scheiße der Engel leben. Tatsächlich *sind* einige Menschen Engelscheiße, so ist es nun einmal.

Wir Menschen sind Teil einer ökologischen Kette. Wenn wir gemäß unserem elementaren Wesen funktionieren, werden wir der ökologischen Kette dienen. Wir tragen zu ihrer richtigen Funktion bei. Wenn wir dies nicht tun, werden wir dazu beitragen, den natürlichen Fluss ebenso zu unterbrechen wie das ökologische Gleichgewicht in einem stillen Teich unterbrochen würde, wenn jemand Giftmüll hineinkippt. Es liegt in unserer Verantwortung zu entdecken, dass wir Teil einer ökologischen Kette sind und wie wir dem am besten dienen. Zum Beispiel gibt es viele verschiedene Arten, wie Menschen gegen den durch radioaktiven Abfall verursachten Schaden protestieren können. Einige machen das, indem sie Atommülltransporte blockieren. Einige protestieren, ohne sich an gemeinschaftlichen Aktionen zu beteiligen, und einige haben sich noch nicht einmal Gedanken über das Thema Kernkraft gemacht. So oder so, die aktive Präsenz der Atomkraft auf der Erde kann heute nicht mehr ignoriert werden, ob man daran denkt, darüber redet oder etwas dagegen tut. Ganz gleich, wie unbewusst oder naiv man ist, der Körper wird auf jeden Fall davon betroffen. Die Präsenz der Kernenergie ist größer als dein unbedeutendes Interesse oder Desinteresse daran.

Der griechisch-armenische Mystiker Georgi I. Gurdjieff sagte, dass Krieg für die Erde so notwendig sei wie bestimmte Bakterienkulturen für den Körper. Zugegeben, das ist eine ziemlich radikale Aussage. Er erklärte, dass es bestimmte höhere Lebensformen gibt, die nicht ohne die Ausstrahlungen, die von menschlichem Leid ausgehen, existieren können, und dass diese höheren Lebensformen notwendig sind, um einen anderen Teil des Kreislaufs aufrechtzuerhalten. Wenn zum Beispiel eine Beziehung zerbricht, wenn ein Kind oder ein Elternteil stirbt, wird dadurch ein Leiden verursacht, das bestimmte Wesenheiten nährt, der Krieg hingegen ist wie eine Fressorgie.

Ich selbst finde das Leid, das durch Kriege verursacht wird, geradezu widerwärtig. Ich könnte leicht beweisen, dass es lediglich menschliche Neurosen sind, die zum Krieg führen, und dass nichts von Wert aus einem Krieg kommen kann. Auf der anderen Seite bin ich durchaus aufgeschlossen für die Möglichkeit, dass Gurdjieff recht hatte. Ich bin dankbar dafür, dass mein Fachgebiet nicht gewaltsames Handeln oder die Herstellung von Waffen ist, sondern eher auf einem anderen Gebiet liegt. Egal, was mein spezielles Fachgebiet ist, ich tue alles nach besten Kräften und vermeide es, den interaktiven Prozessablauf oder die göttlichen Gesetze durchschauen zu wollen.

Um es noch einmal zu wiederholen: Der effektivste Ge brauch unserer Energien als Mensch liegt darin, einer höheren Dynamik zu dienen.

Alle Dinge im Universum haben eine bestimmte Polarität, die wir »männlich/weiblich«, »positiv/negativ«, wie in der Elektrizität, oder einfach, wie bei der Magnetisierung, »Plus-/Minuspol« nennen. Diese Gegensätze kann man auch als »Mutter Erde« und »Vater Gott« bezeichnen, obwohl es dabei wichtig ist zu verstehen, dass »Vater Gott« nicht bedeutet, dass Gott ein Mann ist. Es bedeutet, dass

die Erde – die Schöpfung oder, in hinduistischer Termi-
nologie, »Shakti« – das weibliche Prinzip ausdrückt. Der
Urgrund des Seins, der wesentliche Plan, aus dem die
gesamte Schöpfung hervorgeht, wird »Gottvater« genannt,
weil er das männliche Prinzip ist. Dieser Gegensatz hat
jedoch nichts mit Mann und Frau zu tun, wie wir als Menschen sie verstehen.

Der Mensch kann nicht beiden Prinzipien dienen, jedenfalls nicht ohne Qualitätsverlust. Eine Konzertpianistin
kann nicht gleichzeitig Primaballerina sein, nicht, weil sie
nicht begabt genug wäre, sondern weil sie nur einer Sache
Zeit, Energie, Konzentration und Hingabe widmen kann,
um ihr Bestes zu geben. Ein Ausdruck ist nicht nützlicher
als der andere. Der Wert oder die Reinheit eines Ausdrucks
hängt davon ab, *warum* du etwas tust, nicht *was* du speziell
tust.

Nebenbei bemerkt, dient man dennoch, wenn man Gottvater dient, gleichzeitig Mutter Erde, weil es der Urgrund
allen Seins ist, aus dem die Schöpfung als Ganzes hervorgeht. Wenn man Mutter Erde dient, dient man nicht not-
wendigerweise auch Gottvater. Dies ist nur dadurch der
Fall, dass Mutter Erde eine Gestaltwerdung des Urgrundes
allen Seins ist.

Gottvater ist wie eine schwangere Frau – nur dass sie
ewig schwanger ist. Die Schöpfung ist wie ein ständig reifen-
des, im Werden begriffenes Wesen. Es ist klar, dass der Mutter zu dienen dem Embryo dient, weil die Gesundheit der
Mutter – nicht nur physisch, sondern auch psychisch –
unmittelbar das Embryo berührt. Dem Embryo zu dienen
mag jedoch nur indirekt der Mutter helfen – insofern als
die Mutter ein gesundes Kind möchte. Dem Embryo zu die-

nen trägt nicht in erster Linie zur körperlichen und geistigen Gesundheit der Mutter bei.

Es gibt viele Menschen, die Mutter Erde auf wirksame, praktische und sinnvolle Weise dienen. Stephen Gaskin zum Beispiel baute eine Gemeinschaft in Tennessee auf. Er ging nach Mittelamerika, um die Menschen dort zu lehren, wie man Sojabohnen anbaut und das Land optimal zur Nahrungsmittelerzeugung nutzt. In der härtesten, gewalttätigsten Gegend der South Bronx in New York City organisierte er einen örtlichen Rettungsdienst, in dem ausgebildete Mediziner sich um Notfälle kümmern und die Leute aus der Gegend ins Krankenhaus bringen.

Einige meiner eigenen Schüler beteiligen sich an verschiedenen medizinischen Programmen, arbeiten in Hospizen, Sterbehäusern, mit alten und emotional gestörten Menschen, und das ist gut so, denn die Menschen müssen arbeiten, und das ist eine gute Arbeit. Aber gleichzeitig konzentrieren sie sich auf die spirituelle Arbeit, die unser gemeinsames Anliegen ist und die aus meiner Sicht eher darin liegt, dem Urgrund des Seins, als Mutter Erde direkt zu dienen.

Ich schmeiße keinen Müll aus dem Auto in die Landschaft und gehe nicht aus Spaß am Töten auf die Jagd. Ich führe kein Leben, das die Erde offensichtlich schädigt. Gleichzeitig muss ich zugeben, dass das nur meine persönliche Ästhetik ist. Es ist mein Tick. Mein Hauptaugenmerk gilt jedoch vollständig der *Wandlung von Menschen*, nicht der Rettung einer bestimmten Ökologie. Die Arbeit, Gottvater zu dienen, besteht darin, aus einem Menschen buchstäblich einen Generator oder Transformator zu machen. Normalerweise spielt sich diese Arbeit auf einer sehr persönlichen Ebene, nicht auf einer universalen, ab. Die Wirkung auf der universalen Ebene ist zwar höchst signifikant, aber die Greifbarkeit ist auf dieser Ebene nicht deutlich. Man erkennt sie nur, wenn man es weiß, nicht anhand einer sichtbaren Veränderung der Verhältnisse.

Einige Menschen haben eine körperliche Veranlagung, Gottvater, andere eher, Mutter Erde zu dienen. Wenn sich zum Beispiel ein Mensch zum Gebet und zur Kontemplation hingezogen fühlt, kann ihn das von seinem gewöhnlichen sozialen Umfeld isolieren. Für einen anderen ist jede Art von Isolation und Alleinsein ein Gräuel. Seine größte Ekstase im Leben ist es vielleicht, mit den Wanderarbeitern in den Weinbergen Trauben zu pflücken. Oder er dient Mutter Erde, indem er bei der Geburt eines Kindes hilft und daraus ein fröhliches, festliches Ereignis macht.

Wenn du dich für einen bestimmten Lehrer entscheidest, ist es hilfreich zu wissen, ob du dich zum Dienst an Gottvater oder Mutter Erde hingezogen fühlst, denn die meisten Schulen der spirituellen Arbeit und die meisten Lehrer sind sehr klar definiert, was ihre Absicht ist und worauf ihre Arbeit im einzelnen gerichtet ist. Es ist ebenfalls möglich, dass wir in bestimmten Lebensphasen mehr dem einen oder dem anderen dienen. Alles zu seiner Zeit.

Die zweite tiefere Bedeutung des Gesetzes des Opferns bezieht sich auf die Definition des Wortes »Opfer« selbst, was buchstäblich bedeutet »etwas aufzugeben, was festgehalten oder besonders geschätzt wurde«. Wenn es jemandem materiell gutgeht, kann er aktiver und zielstrebiger die

Entwicklung des Selbst verfolgen, weil er sich keine Sorgen darum zu machen braucht, seine ganze Zeit darauf verwenden zu müssen, das Geld für die Miete zu verdienen. Es gibt also einen sehr positiven Nebeneffekt, wenn es einem materiell gutgeht.

Auf der anderen Seite ist es ebenfalls sehr nützlich für die spirituelle Entwicklung, wenn die Bequemlichkeit geopfert wird und man sich auf andere Weise helfen muss. Das kann entweder freiwillig für eine gewisse Zeit oder unfreiwillig, beispielsweise wegen eines Kurseinbruchs an der Börse der Fall sein.

Auf den Reisen, die ich mit Mitgliedern unserer Gemeinschaft nach Indien gemacht habe, hätten wir uns ohne weiteres Mietwagen leisten und in Hotels mit fließend heißem Wasser absteigen können, aber wir zogen es vor, an Orten zu leben, an denen vorher keiner von uns »middle-class Americans« sich hätte vorstellen können zu bleiben. Natürlich ging das nicht ohne Schwierigkeiten ab. Viele Widerstände wurden ausgelöst – Widerwillen gegen Insekten, oder Widerwillen gegen Ratten zum Beispiel. Als wir die Schwierigkeiten jedoch überwunden hatten, gab es auch erheblichen Nutzen.

Das ist der freiwillige Aspekt des Gesetzes des Opferns. Wir können uns entscheiden, innerhalb eines relativen Bereiches zu experimentieren und Aufgaben auf uns zu nehmen, die es erfordern, dass wir unsere *Bequemlichkeit* opfern. Gurdjieff verwendete dafür den Begriff »bewusstes Leiden«. Carlos Castaneda sprach davon, sich eines »kleinlichen Tyrannen« anzunehmen, dessen Gegenwart eine konstante Störquelle ist und einem immer etwas zu tun gibt. All dies kann mit der richtigen Absicht sehr wertvoll sein.

In diesem Aspekt des Gesetzes gibt es jedoch immer noch eine gewisse Sicherheit. Wenn du dich von jemandem beschäftigen lässt, den du als »kleinlichen Tyrannen« kennst, um dir selbst Arbeit zu verschaffen, kannst du immer noch kündigen, wenn es dir zu heiß wird. Der unfreiwillige Aspekt des Gesetzes ist der Teil, der mit dir als Nahrung für etwas Höheres zu tun hat. Wenn das Gesetz auf dich wirkt und du zum Opfer wirst, kannst du nichts mehr tun, um es zu stoppen.

Die Fähigkeiten, die ich als Lehrer entwickelt habe, sind buchstäblich behindert durch die mangelnde Bereitschaft der Schüler, sich dem Gesetz des Opferns zu unterstellen, das besagt, dass alles im Universum etwas Höherem zur Nahrung dient. Dennoch kennt der Einfluss, den ich repräsentiere, immer die Stärken und Schwächen des Einzelnen, selbst wenn »Ich« keine Ahnung davon habe. (Mit »Ich« meine ich meine psychische Konstitution und meine praktische Erfahrung.)

Wenn zum Beispiel jemand eine Frage stellt, könnte Lee Lozowick die Frage hören und fühlen, dass es der Fragende ernst meint. Aber darüber hinaus ...? *Der göttliche Einfluss* weiß, wie weit der Fragende gehen will, selbst wenn die Frage völlig ehrlich ist.

Um es noch einmal zu sagen: Meine Fähigkeit als Lehrer, Umstände zu erzeugen, die dem Gesetz des Opferns dienen, ist unbegrenzt. Gleichzeitig ist die praktische Anwendung oder die Verwirklichung des unbegrenzten Potentials direkt begrenzt durch die tatsächliche – nicht die bewusste – Bereitschaft der Schüler, die Nahrung, die ich ihnen biete, zu »essen«.

Diese Dynamik birgt die Möglichkeit gravierender Enttäuschungen für Schüler, die das Gefühl haben, bereit zu sein, es aber noch nicht *sind*. Wirkliche Bereitschaft basiert normalerweise auf der ehrlichen Beobachtung wenigstens eines Elementes seines Bewusstseins, nicht unbedingt auch all der anderen. Derjenige, für den ich arbeite, macht jedoch niemals den Fehler, die innere Ausrichtung eines Menschen falsch einzuschätzen. Er erkennt jedes Element auf jeder Ebene und weiß genau, wie es ausgerichtet ist und auf welche Weise es funktionieren wird.

Es gibt einen Bereich dieser Arbeit, der immer ein Mysterium bleiben wird. Es wird immer ein gewisses Maß von Vertrauen nötig sein. Jemand, der mit mir arbeitet, muss gewillt sein anzuerkennen, dass ich meine Meinungen und Eigenheiten habe, aber dass der göttliche Einfluss niemals irrt.

Meine Arbeit als Lehrer ist nichts, was ich zwischen Schlafen und ins Kino gehen erledigen könnte. Sie ist absolut. Ich habe kein Privatleben, keine Atempause außerhalb meiner Beziehung zu meinen Schülern. Es ist eine versiegelte Kammer. Wenn ich jemandem nichts zu tun gebe, ist das keine willkürliche persönliche Entscheidung. Wenn ein Lehrer außerhalb seiner Beziehung zu seinen Schülern kein Leben hat, entscheidet der göttliche Einfluss diese Dinge.

Ein Dialog über Hingabe

Frage: *Ich habe das Gefühl, dass ich genug, sogar mehr als genug, darüber weiß, wie ich mein Leben zum funktionieren bringen kann. Dennoch vermeide ich es, mich einer Person hinzugeben, als Brücke, um mich Gott hinzugeben. Ich war auf der Suche. Ich habe von allem gelernt. Ich übe, aber irgend etwas fehlt in meinem Leben, und ich weiß nicht genau, was das ist, was mich zurückhält. Aber ich weiß, dass es nichts gibt, was mich brennender interessiert.*

Lee: Das ist vernünftig. Du hast Glück. Was, meinst du, würde es dich kosten, dich jemandem hinzugeben? Was, glaubst du, müsstest du praktisch aufgeben – Schönheit, Freundschaft, Respekt ... wischfeste Wimperntusche?

Voriges Jahr hatte ich einen Traum, dass ich alles aufgeben müsste, was Kraft gibt. Ich wusste, dass ich meinen Job aufgeben musste. Aber das Thema Sicherheit spielt für mich eine große Rolle.

Würdest du, wenn du deinen Job verlässt, die Hände in den Schoß legen müssen, oder würde etwas Neues auf dich zukommen? Was meinst du?

Die Logik sagt, dass etwas Neues käme, aber emotional ...

Glaubst du, du könntest dich hingeben, ohne darauf vertrauen zu können, dass etwas Neues kommt?

Ich glaube, ich könnte es, aber ich tue es nicht. Ich kann mir vor-
stellen, dass man es tun kann, aber ich habe Angst. Und ich
habe Angst, einsam zu sein.

Wer hätte die nicht. Ich auch. Jeden Morgen wache ich auf,
ziehe mir die Decke über den Kopf und sage: »Oh Scheiße,
noch ein Tag«. Wirklich.

Wenn du dich hingibst, wirst du dich wahrscheinlich einsam fühlen – und auch allein, was etwas anderes ist. Du
wirst dich wahrscheinlich mehr allein fühlen als je zuvor,
weil, wenn du dich tatsächlich hingibst, nur wenige an deiner Seite sind. Diejenigen, die Hingabe verstehen, sind
wenige und so weit voneinander entfernt, dass du dich
wahrscheinlich sehr allein fühlen würdest. Es tut mir leid,
dass ich dir kein rosigeres Bild malen kann. Das wäre ein
verhängnisvoller Trick.

Ich glaube nicht, dass mir diese Vorstellung zusagt.

Gut. Jetzt tut sich etwas. Nur ein Sadist könnte sich mit dieser Vorstellung anfreunden. Jesus Christus sagte: »Folgt
mir nach!«. Er setzte sich nicht hin und sagte: »Äh, ich
glaube, wir sollten darüber sprechen, Leute. Äh, wisst ihr,
ich brauche hier etwas Hilfe, und ich fände es wirklich gut,
wenn ihr da mitmachen könntet.« Er sagte: »Folgt mir
nach! Was, Ihr mögt nicht, wohin ich gehe? Wen interessiert das schon? Folgt mir nach!«

Du kannst diesen Prozess der Hingabe jedoch nicht mit
Gewalt erzwingen. Hier kann man nicht sagen: »Ich weiß
genau, wovon er spricht. Ich will das, und ich werde es tun.«
Unmöglich! Es erfordert mehr Verletzlichkeit. Um etwas
Echtes herauszuholen, ist eine Art von Inspiration nötig.

Wenn die richtige Kombination von Elementen gegenwärtig ist, kann etwas geschehen, aber weder ich noch du kannst Hingabe machen.

Du deutest an, dass du nicht weißt, was Hingabe ist, aber ich bin da anderer Meinung. Wenn du nicht wüsstest, was es ist, würdest du es dir nicht so sehr wünschen. Deine Widerstände gegen Hingabe verhindern zum einen die bewusste Wahrnehmung, worum es sich dabei handelt, und zum anderen werden die Umstände, in denen sie möglich ist, wegdiskutiert.

Ich habe Angst, mich zu viel hinzugeben.

Es ist unmöglich, sich zu viel hinzugeben. Wenn man das Gefühl hat »sich zu viel hingegeben zu haben«, ist das keine Hingabe, sondern nur eine besonders trickreiche Form von Selbstsucht. Selbstsucht kann als Arroganz, Selbstschutz, und eine bestimmte Art von Unabhängigkeit auftauchen. Aber sie kann ebenfalls als eine Art Pseudo-Hingabe, Unterwürfigkeit, Schwäche sowie als Anhängermentalität erscheinen.

Nur durch wirkliche Hingabe kannst du erkennen, dass das, was du für Hingabe hieltest, reine Strategie, nur ein weiterer Ausdruck der ganzen Ego-Dynamik war. Aber dich nicht aufzugeben, wenn sich dir die Gelegenheit bietet, heißt, einen noch stärkeren Panzer um deine Strategie zu bilden.

Hingabe kann mit großen Schwierigkeiten, harter Arbeit und Schmerzen verbunden sein. Durch Hingabe kommt man zu einem geschärften Mitgefühl für alle Wesen, also verspürt man auch mehr Schmerzen. Es führt kein Weg daran vorbei. Gleichzeitig ist es niemals etwas, von dem man sich wünschen würde, dass es anders wäre.

Hingabe ist nicht dualistisch. Es gibt dann niemanden mehr der sich wünscht, es wäre anders. Die Schwierigkeit mit der Hingabe liegt aus dualistischer Perspektive darin, dass sie so aussieht wie Selbstauslöschung. Die Persönlichkeit, die vom Wesen her dualistisch ist, denkt, dass nicht dualistisch zu sein bedeutet, ausgelöscht zu werden. Sie denkt, dass Individualität, Unabhängigkeit, Einzigartigkeit verschwinden würden. Aber das ist nicht wahr. Sogar Swami Nityananda in Indien war ein außergewöhnlicher Individualist. Niemand konnte so grunzen wie er. Er saß lediglich mit seinem großen Shakti-Bauch herum, knurrte die Leute an und grunzte gelegentlich. Und er redete viel, ungeachtet dessen, was einige seiner Schüler gern behaupten. Besonders gern redete er mit Kindern.

Wenn man sich einfach hingeben und in diesem Zustand bleiben könnte, würde man erkennen, dass man eigentlich *noch individualistischer* ist als vorher, weil man plötzlich wirkliche Möglichkeiten hat. Vor der Hingabe sind alle unsere Möglichkeiten absolut begrenzt durch unsere Überlebensstrategie, und Hingabe erscheint nicht gerade als ein reizvoller, angenehmer Vorgang für das Ego.

Gut, aber wie fängt man an – wie beginnt man den Prozess der Hingabe?

Du schaust dir das Milieu an, zu dem du dich hingezogen fühlst – zum Beispiel die kulturelle Gemeinschaft von Schülern um einen Lehrer – und bekommst eine gefühlsmäßige Vorstellung davon, ob eine Selbstaufgabe, ob Hin-Gabe in diesem Umfeld möglich ist, unabhängig davon, ob du meinst es »tun« zu können. Wenn es scheint, dass der Ort dieses Potential enthält, entscheidest du dich dafür, dich in dieses Umfeld zu begeben.

Du beginnst, daran teilzunehmen. Du stellst fest, welche Wirkung die Umgebung mit der Zeit auf dich gewinnt. Gelegentlich lenkst du deine Gedanken auf die Möglichkeit der Hingabe für dich selbst. Das ist wichtig, weil in einer spirituellen Schule Veränderungen dazu neigen, langsam und beständig vor sich zu gehen, so, wie ein Kind heranwächst. Wenn du ein kleines Kind täglich siehst, kannst du keine große Veränderung beobachten. Aber nach sechs Monaten oder einem Jahr wird es ziemlich offensichtlich. Frage dich also gelegentlich: »Was ist für mich geschehen?«. Und wenn etwas geschehen ist, frage dich: »Ist das nützlich?«. Einfach so. Frag nicht: »Nützlich, für was?« Frag einfach: »Ist es etwas wert?«. Dann bring von Zeit zu Zeit das Gespräch in Gegenwart des Lehrers auf das Thema Hingabe, damit du nicht vergisst, dass es das ist, was du wirklich wünschst.

Dann wartest du ab und arbeitest weiter. Nach meiner Erfahrung werden viele Menschen viele Jahre lang immer wieder dieselbe Frage stellen, bevor alle Elemente ausgerichtet sind. Dann ist nur ein kleiner Anstoß nötig, und sie haben ihre Antwort.

Nach meiner Beobachtung ist deine Frage über Hingabe durchaus ehrlich, nicht bloß etwas, was du gelesen hast und worauf du neugierig bist. Du bist aus einem Gefühl der Dringlichkeit darauf gekommen. Aber es ist mir gleichzeitig aufgefallen, dass du viel Schutz brauchst – dass der Lebensstil, für den du dich entschieden hast, dazu geführt hat, dass du einen unglaublich komplizierten Selbstschutz entwickelt hast. In deinem Fall ist das Thema Hingabe nicht so schnell und leicht zu lösen; du kannst nicht mit dem Finger schnipsen und sagen: »Das war's«. Aber eines ist sicher: Sich diesem Thema zu widmen ist wert, was immer es kostet.

Die Zeit bleibt nicht stehen. Wir haben nicht mehr so viel Zeit, obwohl »wir« nicht sterben, wenn der Körper geht. Es ist möglich, dass wir alles, was wir gelernt haben, während der Körper lebendig war, vergessen, wenn diese Form stirbt. Vielleicht auch nicht, aber es gibt keine Garantie, weder für das eine noch für das andere. Selbst die Möglichkeit, dass wir alles vergessen könnten, sollte uns inspirieren, während wir leben, zu arbeiten, was das Zeug hält. Wer will denn schon das Ganze noch einmal machen? Möglicherweise erscheinst du ja in deinem nächsten Leben nicht so wie jetzt, als schöner Mensch. Vielleicht bist du ja das nächste Mal völlig verdreht und deformiert oder geistig gestört. Es ist schon schwer genug, spirituelle Arbeit zu tun, so, wie es jetzt ist.

Es ist wirklich wichtig, keine Zeit zu verlieren. Auf der anderen Seite kann alles, was du bis jetzt unternommen hast, um deine Hingabe zu vermeiden, eine wertvolle Erfahrung gewesen sein – ein Gewinn an Begabungen und Fertigkeiten, die du auf der »anderen Seite« möglicherweise gebrauchen können wirst. Zum Beispiel Menschen, die gute Lehrer sind – was ich von dir annehme –, erhalten letzten Endes immer wieder Gelegenheit, ihr Talent als Lehrer zu pflegen, auch wenn die Inhalte sich ändern.

Ich selbst lehrte, bevor ich diese Arbeit begann, Silva Mind Control. Ich hatte einige tausend Schüler, und zu jedem meiner Seminare kamen Hunderte. Als ich mit der spirituellen, inneren Arbeit begann, lud ich alle zu einem Treffen ein, um zu erläutern, wie meine Arbeit sich verändert hatte. Von den Tausenden von Menschen kamen weniger als hundert. Von denen, die kamen, blieben letztendlich nur fünfunddreißig. Aber zumindest war es ein Anfang. Lehren bleibt jedoch lehren. Es war mein Job. Ich bekam lediglich einen anderen Lehrauftrag.

Die Tatsache, dass deine Frage jetzt so dringend ist, ist ein Zeichen dafür, dass, wenn du nicht handelst, du deine Zeit verschwendest. Wenn die Umgebung, die ich repräsentiere, nicht die ist, die dein Handeln ermöglicht, würde ich dir sicherlich wünschen, so bald wie möglich die richtige zu finden, und wäre mehr als glücklich, dich wärmstens weiterzuempfehlen, wo auch immer du in Zukunft arbeiten willst. Falls durch eine seltsame Wendung des Schicksals jedoch dies hier die richtige Umgebung für dich sein sollte, werden wir wohl ein paar gute Kämpfe austragen müssen – wenn wir uns nicht gerade kringeln vor Lachen. Ich mache Witze, lache und mache mich über dich lustig, aber ich weiß, was du willst, und es ist eine ernste Angelegenheit. Glaub mir, ich nehme es ernst.

X

DIE RICHTIGE FRAGE

STELLEN

Oft antwortet der Lehrer nicht direkt auf eine Frage, sondern hilft dem Schüler, seine Frage so lange neu zu definieren, bis sie zu einer wichtigen Frage wird, mit der man etwas anfangen kann. Ein Freund von mir lehrte eine Form von Massage, die das Nervensystem absichtlich aus dem Gleichgewicht bringt. Der Hintergedanke dabei war, dass wir, wenn wir uns im Gleichgewicht befinden, zufrieden sind und die Fragen, die wir haben, nicht stellen. Ein Ungleichgewicht ist wie ein konstanter Anreiz, der uns ständig dazu drängt, eine Lösung zu finden, die eine Beendigung des Reizes bedeutet.

In Wirklichkeit gibt es nur eine Frage, und wenn ein Mensch genau bei dieser Frage angelangt ist, ist auch die Antwort offensichtlich. Die Frage selbst braucht nicht einmal mehr ausgesprochen zu werden.

Wenn ich um Fragen bitte, achte ich immer auf die Art von Fragen, die ich mit einer Gegenfrage beantworten kann. Ich will euch helfen, zu der Frage aller Fragen zu gelangen. Das geschieht jedoch nicht sehr oft. Normalerweise sind die Fragen, die gestellt werden, ehrliche Versu-

Die richtige

che, mehr Information zu erhalten, also antworte ich auf die Weise, wie die Frage gestellt ist. Aber ich bohre immer weiter, auf der Suche nach etwas Größerem, mit dem man arbeiten kann.

Möglicherweise hast du eine wirkliche Frage, und du meinst es auch ehrlich, aber wenn du nicht gleichzeitig verletzlich und auf der Suche bist, kann meine Antwort an dich auch nicht wirklich hilfreich sein. Es lohnt sich dann für den Lehrer nicht, mit dem Schüler der Frage nachzugehen. Die Intensität, die du in deine Frage legen musst, um eine hilfreiche Antwort hervorzulocken, ist in der Tat sehr hoch. Es muss eine wirkliche Unruhe oder sogar Verzweiflung dahinter stehen. Menschen, die in der Welt Erfolg haben, sind nicht so furchtbar daran interessiert, sich selbst aus dem Gleichgewicht zu werfen, um verletzbar zu werden.

Echte Fragen klingen manchmal sehr naiv, weil sie aus Aufmerksamkeit, nicht aus Neugier entstehen. Wenn ich jemandem sage: »Gute Frage ... «, sage ich das nicht, weil sie wohlüberlegt, intelligent und gut artikuliert war, sondern weil Aufmerksamkeit da war. Selbst wenn der Fragesteller kein Wort Englisch spricht, würde ich schon merken, dass es eine gute Frage ist, bevor ich die Übersetzung gehört habe. Bevor der Fragende einen Ton gesagt hat, weiß ich, ob die Frage gut ist, aufgrund des Gefühls, das ich habe, wenn ich sie höre. Ich merke, ob die Frage gut ist, daran, wie ich antworte, ob ich interessiert oder gelangweilt bin. Wenn ich interessiert bin, ist die Antwort immer überwältigend, möglicherweise nicht für den Fragenden selbst, aber für irgend jemanden im Raum. Wenn ich gelangweilt bin, gelingt es mir dennoch gelegentlich, etwas Leidenschaft in die Antwort zu legen, aber es ist niemals eine »gute« Antwort.

Manchmal ist es sehr frustrierend für Schüler, die schon sehr lange dabei sind, wenn neue Schüler Fragen stellen, denn die Aufmerksamkeit, die sie erhalten, kann etwas sein, was die älteren Schüler möglicherweise schon seit Jahren nicht bekommen haben. Oft bringen neue Schüler einen außerordentlichen Grad an Unschuld und Verletzlichkeit mit in die Arbeit. Sie sind wie in dem Lied: »*Fools rush in where Angels fear to tread ...*« (»Narren platzen herein, wo Engel ihren Fuß nicht hinzusetzen wagen... «) Zwar sind auch ältere oder reifere Schüler Narren, wenn auch der Übergang von einem unschuldigen zu einem bewussten Narren seinen Stress und seine Spannungen hat. Ältere Schüler sind schon etwas misstrauisch geworden. Oft gibt es einen Abschnitt in ihrer Praxis, wo sie etwas reserviert und misstrauisch werden. (Nicht, dass sie je etwas anderes tun würden – es gibt ja nichts anderes, aber sie wissen, dass der Preis sehr hoch ist.)

Neue Schüler hingegen wissen nicht, auf was sie sich einlassen. Sie kennen den Preis nicht, den diese Arbeit das Ego kostet. Wenn sie überhaupt Widerstände haben, sind es normalerweise keine Widerstände des Herzens, sondern eher eine Art intellektueller Voreingenommenheit oder vielleicht einfach nur ein schlechtes Gefühl in Hinblick auf Gurus oder so etwas.

Oft wirst du einen erheblichen Unterschied in der Art und Weise sehen, wie ich eine Frage beantworte, selbst wenn die Frage sehr aufrichtig, sehr zielgerichtet und sehr ehrlich erscheint. Wenn jemand auf der Stuhlkante sitzt, vermeintlich mit sehr viel Aufmerksamkeit, und so tut, als würde er jeden Moment platzen, wenn er keine Antwort bekommt, heißt das nicht, dass dort wirkliche Aufmerksamkeit ist. Möglicherweise ist überhaupt keine Aufmerksamkeit vorhanden. Der Intellekt kann emotionales Verhalten so perfekt nachahmen, dass du tatsächlich glaubst, du bist voller Leidenschaft, während du in Wirklichkeit nur voller hohler, unfruchtbarer und romantischer Illusionen bist.

Zu einem gewissen Grade sollten die Fragen, die du stellst, deine Art sein, zu entscheiden, ob der Lehrer nur ein Lügner, ein Opportunist ist oder ob er etwas von wirklichem Wert bietet. Sowohl Amerika als auch Europa sind voller »Lehrer«, die in Wirklichkeit nur Horrorgestalten sind. Anders kann man sie nicht bezeichnen. Totale Schwindler. Trotzdem sind die meisten von ihnen sehr intelligent, sehr gerissen, kennen die Gleichnisse und machen gelegentlich eine kluge Bemerkung. Ich kann euch nur raten, in jedem Fall eure Kleider anzubehalten, die Hand auf euer Portemonnaie zu legen und sie auch von euren Kindern fernzuhalten.

Die Fähigkeit eines Lehrers, schlau zu sein, ist kein Zeichen von Integrität. Jeder, der aufsteht und sich selbst als Lehrer darstellt, verfügt normalerweise über etwas Intelligenz. Statt nach Klugheit zu suchen, solltet ihr meine Bereitschaft testen, euch zu dienen oder euch auszunutzen. Dabei werde ich euch jedoch nicht helfen. Ich meine, ich werde es euch nicht leicht machen. Ich möchte, dass ihr euch ein wenig anstrengen müsst, um mich zu testen.

Ich werde versuchen, ein wenig listig zu sein und gleichzeitig ein wenig provokativ, in der Hoffnung, dass du, wenn du eine *wirkliche Frage* hast oder etwas *Wirkliches* fühlst, es auch einbringst und dich nicht einfach zurücklehnst.

EINIGE FRAGEN

Frage: *Sind wir beide gleichrangig? Was wäre nötig, damit es so wäre? Kannst du von mir ebenso etwas lernen, wie ich von dir?*

Antwort: Unsere Beziehung ist wie ein gegenseitiges Nähren. Ich kann dich mit einer bestimmten Nahrung versorgen, und jeder von euch, einschließlich der Umstände, in denen wir uns befinden, bildet Nahrung für mich, auf die ich aufbauen kann. Ich »lerne« zwar nicht von dir, weil ich im herkömmlichen Sinne nichts mehr lernen kann. Flötespielen, Malen oder Kochen – dies sind nur nebensächliche Elemente des Lebens, die man auf dem Lebensweg sammelt. Wirklich zu lernen gibt es jedoch nur eines, und das ist, was die Wahrheit ist. In der Erkenntnis der Wahrheit gibt es keine Unterscheidungen. Alles wird direkt erfahren, also kann nichts darüber gesagt werden.

Du äußerst dich kritisch über »Übersinnliches«. Warum?

Früher legte ich anderen die Tarot-Karten, und ich war sehr gut darin. Aber ich wurde sehr frustriert, weil, wenn ich jemandem die Karten legte und bestimmte Anregungen gab, die genau den Nagel auf den Kopf trafen, die Leute genau das Gegenteil von dem taten, was die Karten empfohlen hatten. Sie kamen dann wieder zurück und sagten: »Das hast du mir nicht gesagt«. Dann fingen wir an und nahmen die Sitzungen auf Tonband auf, aber sie verloren die Bänder.

Schließlich hörte ich mit den Tarot-Lesungen auf. Es war zum Verrücktwerden, aber die Leute hörten buchstäblich das Gegenteil von dem, was ich sagte. Ich sprach sehr klar, sehr deutlich, sie saßen mir gegenüber, nickten und sagten: »Ich verstehe ... « Irgendwie erscheint es den Leuten sehr real, wenn man ihnen etwas über die Zukunft erzählt. Wenn die Zukunft dann aber eintrifft, ist es plötzlich nicht mehr die Zukunft, die sie zu sehen meinten, als sie vor sechs Monaten davon hörten.

Ich beschäftigte mich auch mit astrologischen Berechnungen. Wenn ich also heute etwas Metaphysisches kritisiere, weiß ich, wovon ich spreche. Es ist nicht so, dass die Gesetze und Prinzipien der Metaphysik nicht wahr sind. Ganz im Gegenteil. Sie sind wahr. Dennoch ist die Neigung der Menschen, metaphysische Wahrheiten zu missbrauchen, um ihr eigenes abscheuliches Verhalten zu entschuldigen, für meinen Geschmack zu verbreitet.

Ich hörte mit den astrologischen Berechnungen auf, weil die Leute erst alles toll fanden und sich dann weigerten, die Hinweise ernst zu nehmen. Es war einfach zu frustrierend. Außerdem gab es noch fast überall Menschen, die astrologische Beratungen durchführten und bereit waren, ihre Macht aus ihren eigenen neurotischen Gründen zu missbrauchen. Du weißt, wie leicht Menschen zu beeindrucken sind, wenn sie an etwas glauben. Der Astrologe sagt: »Hmm ... «. Die Person: »Was?«. Der Astrologe: »Ach nichts«.

Ein solch kurzer Wortwechsel kann einen Menschen mehr beeinflussen als alles, was der Astrologe danach noch sagt. Die Veranlagung bestimmter Menschen in helfenden Berufen, die dunkle Seite einer Situation zu sehen, statt der hellen, ist ein sehr ernstes Problem.

Liegt da nicht eine gewisse Gefahr in der Art und Weise, wie sich Menschen auf dich als Lehrer beziehen?

Natürlich sind die Auswirkungen davon bei meiner Arbeit auch extrem. Was ich als Lehrer zu vermitteln versuche, ist ebenso wissenschaftlich wie Astrologie, und die ist sehr wissenschaftlich. Es ist keine lächerliche Einbildung. Dennoch hat es nicht die gleiche greifbare Grundlage wie zum Beispiel die mathematischen Berechnungen in der Astrologie. Die wissenschaftliche Basis der Arbeit, die ich benutze, hat mit Elementen zu tun, die zu erkennen wir niemals gelernt haben. Die Schulbildung, welche die meisten von uns genossen haben, behandelt diese Themen nicht.

Wenn Menschen ermutigt werden, sich dieser Arbeit zu widmen und meinem Urteil als Lehrer zu vertrauen, ist es sehr wichtig, dass sie ihre Neigung erkennen, infolge des geschenkten Vertrauens leicht verletzbar oder beeinflussbar zu sein. Während unserer gemeinsamen Zeit solltest du dann ein Gefühl dafür bekommen, ob ich deine Neigung zu leichter Beeinflussbarkeit ausnutze oder ob ich verantwortlich mit ihren Folgen umgehe und auf jede mögliche Weise auf der Hut bin.

Ich habe wirklich keine Ahnung, warum ich hier bin, aber ich weiß, dass ich mir nicht leisten kann, nicht hier zu sein, falls du tatsächlich eine Verbindung zu Gott haben solltest.

Nun, ich hoffe, du findest es raus, bevor das Wochenende vorbei ist. Etwas mehr Selbstbestätigung könnte ich durchaus gebrauchen.

Früher oder später sollte jeder so reagieren und merken, dass er es sich nicht leisten kann, in die andere Richtung zu schauen, falls ich wirklich eine Verbindung zu Gott habe. Es macht mir nichts aus, auf die Probe gestellt, herausgefordert, in Frage gestellt zu werden in dieser Hinsicht ... aber bitte keine Kreuze und Nägel.

Einen Lehrer anzunehmen ist ein sehr großer Schritt, und du solltest dich nicht leichtfertig auf diesen Prozess einlassen. Die Form ist oft trügerisch, ebenso wie der Titel eines Buches oft mehr verspricht, als sein Inhalt hält. Was du entdecken musst, ist ein Gefühl für den Zustand, in dem es keine Dissonanz gibt. Um es positiv auszudrücken: Du musst ein echtes Gefühl für Resonanz mit dem Wesen des Lehrers bekommen, ungeachtet seiner Sprache, seiner Lebensart, seiner Theatralik und so weiter.

Wenn ich zu Hause bin, lasse ich meine Sachen herumliegen, falte meine Wäsche nicht richtig zusammen und solche Dinge. Was meine Schüler anbelangt, bin ich jedoch vollkommen verantwortungsbewusst, und das sollte auch beachtet und anerkannt werden. Ich bin von Natur aus ziemlich faul. Ich treibe kaum Sport und sitze lieber zu Hause und lese ein Buch, statt aufzustehen und mir Kirchen, Architektur, Museen und all diese wundervollen Dinge anzuschauen. Aber ich bin niemals faul, wenn es um die Arbeit mit meinen Schülern geht. Diese Art von Unterscheidung ist nötig als eine Form, die tatsächliche Verantwortung des Lehrers dir gegenüber zu überprüfen.

Nicht »mir«, sondern dem, was ich repräsentiere, musst du vertrauen. Du musst ein Gefühl dafür bekommen, was »es« ist.

Aber sagtest du nicht vorher, dass du es bist, der lehrt, und dass man daher dir vertrauen sollte?

Nein. Der Unterschied ist, wenn ich sage »Ich«, dann meine ich das, was meine Gegenwart in diesem Raum erzeugt. Ich meine nicht diesen Mann, der da vor dir sitzt. Dieser Mann hat oft nichts als Flausen im Kopf.

Ich habe dich bei einem deiner Vorträge beobachtet, als Zuhörer dich anschrien und rausgingen, und es schien, als hätte es dich aus der Bahn geworfen. Ist das wahr?

Ich war begeistert von diesem Abend, und ich fand, dass die besondere Dynamik dort experimenteller war als das, was wir hier tun, und ich mag das.

Oft kann ich in experimentellen Situationen aus einer bestimmten Spannung, die ich aufgebaut habe, herausgeworfen und in gewisser Weise verwirrt werden. Eines der wesentlichen Prinzipien dieser Arbeit ist, dass, wenn du

Die richtige

dich dem hingibst, was ich den »göttlichen Einfluss« oder den »Willen Gottes« nenne, der, welcher du bist, ganz und gar (einschließlich deiner Energie und deiner Persönlichkeit) in diesem Prozess aufgezehrt wird. Das heißt nicht immer, dass du die Dinge auch unter Kontrolle haben wirst. Manchmal heißt es sogar das genaue Gegenteil. Du wirst außer Kontrolle sein, weil das die Dynamik ist, die das jeweilige Experiment optimiert.

Wenn ich die Kontrolle verliere, meldet sich natürlich der Verstand mit den üblichen Einwänden: »Es entgleitet dir. Du solltest versuchen, wieder die Oberhand zu bekommen… « Dennoch gibt es gleichzeitig die Erkenntnis, dass es nicht darum geht, die Kontrolle zu behalten. Es geht darum, sich dem Willen Gottes hinzugeben. Wenn das tatsächlich für mich zutrifft, kann überhaupt nichts passieren, was meine Arbeit mindern oder den Raum, in dem ich mich befinde, eintrüben oder die Atmosphäre vergiften könnte. Es kann es nicht. Es ist unmöglich.

Wenn es andererseits nur meine Illusion ist, wird es mir irgendwann sehr klar vor Augen geführt. Die Umstände werden sich verschwören, um das, was ich versuche, gründlich zu durchkreuzen oder zu zerstören. Es gibt in der Lehre Werner Erhards einen Satz, der lautet: »Die Wirklichkeit ist hart und unerbittlich. Sie wird dich jedes Mal wieder auf den Hintern fallen lassen.« Der Sinn dieser Arbeit ist nicht, die Wirklichkeit zu transzendieren, denn die Wirklichkeit ist ein gesetzmäßiger Prozess, und wir sind Teil davon. Wenn dies deine Arbeit ist, wenn du immer wieder auf den Hintern fällst – was garantiert der Fall sein wird, denn die Wirklichkeit ist wirklich »hart und unerbittlich« –, dann wird es dir nichts ausmachen, weil du erkennst, dass das eine Funktion dieser Arbeit ist. Es ist ein gesetzmäßiger Prozess.

Wenn dies jedoch nicht deine Arbeit ist und du trotzdem immer wieder auf den Hintern fällst, dann wirst du es überhaupt nicht mögen. Du wirst dich mit Zähnen und Klauen dagegen wehren, selbst wenn die Wirklichkeit dich immer wieder auf den Hintern fallen lässt, egal ob du dich sträubst oder nicht.

Es kommt nicht auf Kontrolle an. Es kommt darauf an, das zu sein, was gewünscht und gebraucht wird, wo immer und wann immer es nötig ist. Dabei kommt es darauf an, das zu nähren, was der Raum braucht, nicht dem Raum das aufzudrängen, was du möchtest oder wie du es gern definieren würdest. Die jeweiligen *Handlungen* sind nicht so wichtig wie der *Kontext*, in dem diese Handlungen vollzogen werden.

Es gab einmal einen Zen-Meister namens Ikku. Sein Kloster lag direkt gegenüber einem Bordell. Es kam vor, dass Ikku in Meditation saß und, wenn er damit fertig war, in seinen Roben aufstand und über die Straße ging, um einige Frauen zu unterhalten. Er trank, schrieb ihnen Gedichte, las ihnen vor und lehrte sie Zen. Sie wiederum ließen ihm ihre Form von Poesie angedeihen. Dennoch glaube ich nicht, dass er oder irgend jemand sonst behaupten würde, dass jeder Kunde, der in das Bordell kam, ein Zen-Meister war. Der Akt war derselbe. Der Unterschied lag im Kontext. In diesem Sinne ...

Ich weiß, dass die Baul für ihren Gebrauch sexueller Energie bekannt sind. Kannst du eine Einführung in diesen Gebrauch geben?

Ich möchte, dass für die spezifische Anleitung zur Wandlung sexueller Energie ein bestimmter Preis gezahlt wird. Der Preis besteht in einer verpflichtenden, funktionierenden Beziehung, die mindestens einige Jahre hält. Verpflichtung bedeutet hier, dass du mit einer Person zusammen bist und, wie bei traditionellen Eheversprechen, planst, mit dieser Person für immer zusammenzubleiben, »in guten wie in schlechten Zeiten«. Verpflichtung bedeutet, dass die Stimmung in der Beziehung zu deinem Partner einer Eltern-Kind-Beziehung sehr ähnlich ist, in dem Sinne, dass du niemals bezweifelst, dass deine Kinder deine Kinder oder deine Eltern deine Eltern sind.

Normalerweise funktionieren partnerschaftliche Beziehungen nach dem Motto: »Wenn es nicht funktioniert, werde ich einen anderen Sexualpartner finden.« In unserer Beziehung zu unseren Kindern dagegen sagen wir niemals: »Wenn du nicht lauter Einser nach Hause bringst, suche ich mir ein anderes Kind ... «, selbst wenn wir das gelegentlich gern tun würden, denn Kinder können einen ganz schön zur Weißglut treiben.

Angesichts der »Wanderlust« von Männern und Frauen des westlichen Kulturkreises ist es kein Wunder, dass nur wenige Menschen eine solche Beziehung haben, sowohl innerhalb als auch außerhalb unserer Gemeinschaft. Wenn dies trotzdem der Fall ist, beginnt meine Art von Anleitungen zuerst mit Feinheiten der persönlichen Disposition, nicht etwa damit, was man mit seinen Genitalien mechanisch anstellen kann.

Was meinst du mit »Disposition«?

Die Art und Weise, wie man in dieser speziellen Beziehung sein sollte, oder was man für ein Gefühl für sie hat, nicht so sehr, was man tatsächlich in ihr tut.

Worin liegt der Vorteil einer langfristigen Beziehung für die Wandlung der Sexualität?

Je mehr Energie wir zu unserer Verfügung haben, desto aktiver können wir auf körperliche Weise dienen. Die verschwenderische Art, in der Sex normalerweise benutzt wird, bezieht sehr viel Energie mit ein, die dann nicht mehr für den Prozess von Huldigung, Verehrung und Gebet zur Verfügung steht.

Gebet ist kein statischer, kühler Vorgang. Es ist heiß, aktiv und energetisch, wie der verrückte Wanderer in Indien, der singend, tanzend und Gott preisend durch die Gegend zieht.

In vielen Eingeborenenkulturen wird man nicht durch ein rationales Studium zum Stammesschamanen, sondern indem man regelrecht verrückt wird. Man wird in die Unterwelt gestoßen und fällt dem Wahnsinn anheim. Danach muss man sich mit dem, was die Unterwelt darstellt, arrangieren. Nun kann man mit der »Oberwelt« ohne viel Energie umgehen, weil man hier wie von selbst transportiert und getragen wird. Man steigt nicht die mystische Leiter hinauf, sondern wird sozusagen hochgezogen. Aber der Umgang mit der Unterwelt, einer der drei Welten des Menschenreiches, erfordert Energie und Kraft. Es erfordert viel Kraft, direkt mit den Elementen der Unterwelt – Angst, Konflikten, Zorn, Gewalt, Krankheit – umzugehen.

Nehmen wir den Mythos von Amor und Psyche. Psyche verliebte sich in Amor. Man forderte von ihr, ihn niemals anzuschauen. Sie blickte ihm dennoch ins Gesicht und wurde verflucht – in die Unterwelt verbannt, aus der sie schließlich wieder ihren Weg zurück zu ihrem Geliebten fand. Diese Befreiung erforderte eine beinahe übermenschliche Energie.

Wenn ein Schamane heilen soll, geht er in die Unterwelt, verhandelt mit den Geistern der Krankheit und kehrt dann wieder zurück. Ohne einen enormen Energievorrat würde jemand, der in die Unterwelt geworfen wird, seinen Weg zurück in die Oberwelt überhaupt nicht finden. Klugheit und Geschick sind nicht einmal so sehr vonnöten, aber mit Energie, selbst ohne Erfahrung, bloß mit genug Energie kann man seinen Weg zurück finden.

Eines der leidenschaftlichsten Zeugnisse über das Verhältnis zwischen sexueller Energie und spiritueller Arbeit findet man in den Tagebuchaufzeichnungen des Tänzers Vaslav Nijinsky. Nijinsky fehlte eine ausreichend breitgefächerte Matrix, um auf ihr die Energie, unter deren Einfluss er stand, zu verwandeln, also wurde er wahnsinnig. Obwohl er fast sein ganzes Leben lang ein tobender Irrer war, gab es gelegentlich auch Momente atemberaubender Klarheit. Wenn er klar war, war er wirklich klar, so klar wie jeder andere Meister, Jesus oder Buddha. Er *wusste* wirklich. Eigentlich sollte man ihn besser einen »Lunatisten«, einen Schlafwandler, als einen Irren nennen, denn er erkannte eine sehr bedeutsame Beziehung der Dynamik von Energie. »Lunatismus« hat etwas mit dem Mond zu tun, mit einer Energiedynamik, die für die meisten Menschen viel zu subtil ist.

Auf welche Weise wandelst du diese sexuelle Energie um? Nimmst du etwas weg, fügst du etwas hinzu, oder machst du Gold ... oder Magie?

Aus unedlem Metall Gold machen ... Wir fügen nichts hinzu, obwohl sicher einige Männer in der Gemeinschaft sich wünschen, wir könnten ein paar Zentimeter hinzufügen.

Was die Technik anbelangt, gibt es jede Menge tantrischer Literatur, die sich mit der Zurückhaltung des Orgasmus und derartigen Dingen beschäftigt. Das deckt diese oberflächlichen Elemente ab. Ein Orgasmus erfordert das Aufbringen einer großen Menge von Energie. Ich habe gemerkt, dass die meisten Männer sich wohler fühlen, wenn die Frau, mit der sie Sex haben, schreit, zappelt, stöhnt und jammert. Ein Großteil des männlichen Bezugs zur Umwandlung von Energie in einer Beziehung hat nicht nur mit seinen physiologischen, sondern mit seinen psychologischen Bedürfnissen in Bezug auf Frauen zu tun. Sowohl Männer als auch Frauen müssen lernen zu lesen, was in den Augen und in der Aura geschrieben steht, weit über das hinausgehend, wonach der Körper sich sehnt oder was ihn lebendig macht.

Die Energie des Orgasmus zu sammeln ist ein Grundprinzip. Ein Teil des Trainings für die Wandlung sexueller Energie besteht darin, den Körper zu lehren, *was er mit all der Energie anfangen soll,* wenn sie einmal gespeichert ist. Das ist eine Menge Energie, und man kann leicht nervös und verspannt davon werden. Als erstes ist es wichtig zu verstehen, dass die Erhaltung des Orgasmus nicht mit seiner Vermeidung gleichzusetzen ist. Und zweitens empfehle ich auch nicht, die Orgasmusenergie einfach zu sammeln und dann ein paar Mal die Woche zu hyperventilieren oder einmal wöchentlich Triathlon zu trainieren.

Wie lernt der Körper so etwas?

Der *Körper* lernt. Der Verstand lernt nicht. Das ist ein sehr, sehr wichtiger Unterschied. Hier ist ein Beispiel: Es gibt eine kanadische Frau in dieser Schule, die Konzertpianistin war. Mit acht war sie als hochbegabtes Kind auf Tournee durch Kanada. Mit vierzehn nahm sie in Wien an einer Meisterklasse mit dem besten Lehrer der Stadt teil. Dennoch gab sie ihr Konzertleben auf, um mit spirituellen Lehrern arbeiten zu können. Als sie zu meiner Schule kam, hörte sie für fünf oder sechs Jahre auf, Klavier zu spielen. Eines Tages mietete sie ein Klavier und fing einfach wieder an zu spielen. Sie sagte, dass sie nun, nach fünf Jahren ohne Übung, besser spielen könne als damals, als sie noch auf Tournee ging und acht Stunden täglich übte.

Während der ersten Jahre in der Schule lernte ihr Körper, ohne dass sie dies bewusst beobachtet hätte. Sie arbeitete hart, absolvierte ihre spirituellen Praktiken, so gut sie konnte, und rang intensiv mit ihren Gefühlen. Dieser gesamte Prozess trainierte ihren Körper auf eine Weise, die der Körper anerkannte, die aber für den Verstand überhaupt keinen Sinn ergab.

Der Körper merkt, wenn er einen Segen empfängt. Der Verstand, der Intellekt, mag es wissen oder nicht. Definitionen haben ihren Wert. Intellektualismus hat seinen Wert. Dennoch ist er auf vielen Gebieten, wenngleich erfreulich und angenehm, nicht notwendig. Auf den richtigen Zeitpunkt kommt es an, und das ist meine Spezialität. Der richtige Zeitpunkt für den Einsatz ist bei dieser Arbeit fast noch wichtiger als Wissen.

Meine Beziehung zum Göttlichen besteht darin, sich dem zu unterwerfen, was als göttlicher Wille nach Verwirklichung strebt. Ich habe festgestellt, dass ich die unbewusste Fähigkeit besitze, Lebensumstände für Menschen zu erzeugen, die ihren Körper als solchen in einer einzigartigen Weise trainieren können. Ich bin zwar nicht unintelligent, dennoch gibt es viele Aspekte in diesem Prozess, die ich intellektuell überhaupt nicht verstehe. Das spielt jedoch keine Rolle. Ich kann die Richtigkeit dessen, was ich für Menschen tun kann, spüren und habe gleichzeitig ein Gefühl für die Dissonanz, wenn ich für den einzelnen nicht die richtigen Umstände herbeiführe.

Meine Arbeit als Lehrer basiert nicht auf Willensanstrengung. Die Arbeit, die ich Menschen vermittle und durch die ihr Körper trainiert wird, basiert auf einer unbewussten Reaktion darauf, was in der jeweiligen Situation letztlich gebraucht wird. Der göttliche Prozess funktioniert durch mich. Ich bin lediglich ein Kanal für seine segensreiche Wirkung.

In einem Moment von Freiheit, wenn man für einen Augenblick ohne die üblichen mechanischen Abläufe funktioniert, heißt das dann, dass man in dem Moment glücklich ist?

Die richtige

Gute Frage. Ich will einmal versuchen, Glück zu definieren. Für das Ego ist es Glück, wenn es alles unter Kontrolle hat. Wenn wir zum Beispiel einen Wunsch haben und es uns gelingt, diesen Wunsch zu erfüllen, sind wir glücklich. *Möglicherweise* ist das wirkliches Glück. Das ist eine philosophische Frage. Eines jedoch ist gewiss: Ein solches Glück ist niemals von Dauer, weil es vollständig auf der Befriedigung bestimmter Wünsche oder der Fähigkeit, die Umgebung und die Lebensumstände zu kontrollieren und zu manipulieren, beruht.

Wünsche basieren auf Ungewissheit. Wir haben immer das Gefühl, wir sind unvollständig ohne das, was wir uns wünschen. Wenn wir es dann bekommen, sind wir glücklich. Unsere Ungewissheit hat ein Ende.

In einem Moment der Freiheit spielt das Thema Ungewissheit oder Unvollständigkeit keine Rolle mehr. Solche Zustände existieren auf der Ebene wahrer Freiheit nicht mehr. In einem freien Moment *sind* wir einfach vollständig. All unsere Zweifel sind dann beseitigt. Das ist Glück. Äußerlich mögen wir lachen oder weinen. Es spielt keine Rolle. Wir sind glücklich. Ich glaube, du wirst keinen wirklich mitfühlenden Menschen finden, der nicht schon einmal glücklich war.

Diese Arbeit – die Auflösung der Tatsache, dass alles Leben Leiden ist – sollte dein ganzes Leben, deine Aufmerksamkeit und Energie in Besitz nehmen. Es gibt eine sehr zerbrechliche Balance zwischen dieser Besessenheit und der weit verbreiteten Tendenz zu Selbstgerechtigkeit und Prinzipienreiterei. Die Lösung, die durch das wahre Verständnis, dass das ganze Leben Leiden ist, stattfindet, bewirkt automatisch die Verwirklichung von Glück – Lebensfreude, Kommunion und Entzücken. Sie verwandelt uns von einem Tier in ein von Grund auf attraktives menschliches Wesen, das transzendent ist und geradezu durchs Leben schwebt, ohne die jeweilige Form, die das Leben annimmt, zu definieren oder einzuengen. Henry Miller – mein größter spiritueller Held – und viele andere Künstler passen auf diese Beschreibung. Sie sind voller Leben, leidenschaftlich, und scheinen dennoch Menschen zu sein, die zutiefst leiden. Aber es spielt keine Rolle. Sie haben erkannt, dass alles Leben Leiden ist und dass es gleichzeitig zu dieser Realität Freude, Ekstase und Entzücken gibt. Es gibt Schönheit. Es gibt Heiligkeit. Es gibt Essen, Sex und Geld. Alles.

Woran kann ich erkennen, dass in mir ein Prozess der Wandlung stattgefunden hat?

Meine Ex-Frau war Krankenschwester. Eines Tages kam sie nach Hause und erzählte mir, dass etwas Erstaunliches passiert sei. Eine dreißigjährige Frau war ins Krankenhaus gekommen, weil sie unter unerklärlichen Bauchschmerzen litt, und als man sie auf die Liege legte, gebar sie ein Kind. Sie sah das Kind, schaute völlig unschuldig den Arzt an und sagte:»Wo kommt denn das her? Wie konnte das geschehen?«, und keine Erklärung konnte sie zufriedenstellen.

Das ist tatsächlich ein sehr außergewöhnlicher Fall. Die meisten Frauen merken, wenn sie schwanger sind. Normalerweise fragt eine Frau nicht:»Woran kann ich erkennen, ob ich schwanger bin?«. Du weißt es eben. Dasselbe gilt für die Frage, woran man innere Wandlung erkennt. Du weißt es eben. Wenn du ein sicheres Gefühl für deinen Entwicklungsprozess hast und dir selbst gegenüber ehrlich bist, dann wirst du die Wandlung, wenn sie in dir stattfindet, ohne Frage erkennen.

Ich habe einmal gehört, dass sich »das spirituelle Herz« der Erde von Osten nach Westen bewegt. Stimmst du damit überein, und was wären die Konsequenzen einer solchen Verschiebung?

Das spirituelle Herz der Erde bewegt sich von Zeit zu Zeit um die Erde. Trotz der großen Macht der Hopi, der Navajo und anderer nordamerikanischer Indianerkulturen und der sehr hochentwickelten Zivilisationen der Maya, Azteken und Inka war das wirkliche Herz der Spiritualität bisher noch nicht im Westen. Möglicherweise war es das, bevor wir darüber historisch gelesen haben. Das spirituelle Herz der Erde ist im Osten und bewegt sich erst jetzt gen Westen. Ein Großteil der Wirren, die wir gegenwärtig erleben, sind die Folge dieser Bewegung.

Bevor das spirituelle Herz sich tatsächlich im Westen niederlässt und von dort aus ausstrahlt, muss der Westen erst einmal dafür gereinigt werden. Oft geht bei einer körperlichen Heilung dem eigentlichen Wendepunkt der Krankheit eine sogenannte »Heilende Krisis« voraus. Das ist der Punkt, an dem die Krankheit sich noch einmal verschlimmert, bevor sie besser wird. Dies geschieht jetzt. Die

Erde steckt in einer Krisis, und wir bekommen gerade einen Vorgeschmack darauf. Das ganze Ausmaß der Krisis, ihre Gewalt und ihre Intensität sind uns bisher noch nicht klar geworden. Sämtliche metaphysischen und spirituellen Prognosen sagen, dass wir noch in unserem Leben die Krisis in ihrer vollen Intensität erleben werden, und alle, die bereit dafür sind, werden überleben, während alle, die nicht bereit sind, es nicht überleben werden. So einfach ist das.

Das Überleben wird nicht davon abhängig sein, wer die meisten Waffen und die stärkste Festung hat. Es ist ganz anders. Überleben wird, wer das flexibelste Wesen hat, wer mit der größten Leichtigkeit auf unerwartete Umstände reagieren kann, wer nachgeben kann, um zu siegen.

Einer der wichtigsten Aspekte in der fernöstlichen Kampfkunst Aikido besteht darin, einer Kraft nicht mit Gegenkraft zu begegnen, sondern die eigene Kraft zu nutzen, um das, was vor sich geht, im wesentlichen umzudrehen. Wenn jemand versucht, mit Gewalt anzugreifen, wird ein Mensch, der Aikido oder Judo beherrscht, einfach aus dem Wege gehen, nicht unbedingt körperlich, aber energetisch.

Wenn du als einzelner versuchst, Gewalt mit Gegengewalt zu begegnen, was machst du dann, wenn du mit einem Erdbeben konfrontiert bist? Was machst du, wenn du vor einer Sturmflut oder vor einem Hurrikan stehst? Mach dich nicht lächerlich. Du kannst dich an den Rand eines Vulkankraters stellen und noch so viel beten und jedes Mantra aufsagen, das du kennst, und doch wird dich die Lava begraben, und du wirst geröstet.

Es ist eine der schwersten Versuchungen, mit Gewalt das Leben zu erhalten und den Tod zu vermeiden. Sich völlig hilflos zu fühlen ist ein schreckliches Erlebnis. Es ist wichtig, dass wir uns über Gewalt Gedanken machen, um die Dynamik zu erkennen, mit der wir versuchen, durchs Leben zu kommen, während wir besser einer anderen Dynamik folgen sollten, nämlich der Nachgiebigkeit.

Wie lernt man Nachgiebigkeit?

Es ist offensichtlich, dass man über ein hohes Maß von Können verfügen muss, um »nachzugeben, um zu siegen«, ansonsten gibt man nur nach und wird besiegt.

Ich habe einmal bei einem Judo-Meister gelernt, der uns die sanfte Kunst des »Nachgebens, um zu siegen« üben ließ, aber wir haben nie gesiegt, obwohl er uns gelegentlich in dem Glauben ließ, dass es so war. Regelmäßig endeten wir auf dem Boden und er über uns.

Ein Großteil dessen, was eine spirituelle Schule lehrt, ist das Nachgeben. Du kannst nicht einfach loslassen und erwarten, dass nichts passieren wird. Dann verlierst du.

Wir haben gelernt, dass das Leben hart ist, dass wir oft herumgestoßen werden und verflixt nochmal auf eigenen Füßen stehen und für uns selbst sorgen sollten. Eine solche Einstellung ist nicht leicht zu ändern. Es erfordert ein hohes Maß an Training, Zeit, Aufmerksamkeit und mehr. Man kann über das Prinzip des »Nachgebens, um zu siegen« im Judo so viel reden, wie man will, wenn man nicht die Würfe, die Griffe und den richtigen Umgang mit der Kraft lernt, wird überhaupt nichts passieren. Man wird es niemals lernen.

Meinst du, wir sollen uns allem ergeben? Was ist mit Gewaltanwendung?

Die Bhagavad Gita ist in diesem Fall ein tiefer Quell der Weisheit. Diese Schrift ist, wie einige von euch vielleicht wissen, der Teil der hinduistischen Überlieferung, der das Streitgespräch zwischen Krishna, der als einer der großen hinduistischen Götter angesehen wird, und einem seiner Schüler namens Arjuna beinhaltet.

Der Schüler ist seinem Wesen, seiner göttlichen Bestimmung nach ein Krieger. Aber eines Tages findet er heraus, dass seine Vettern, seine Onkel und seine ganze Familie in einer Schlacht seine Gegner sind, und er will nicht mehr kämpfen. Er möchte das Problem irgendwie ohne Kampf, ohne Gewalt lösen. Dies ist eine wirklich außerordentliche Geschichte, und ich würde jedem, der dies noch nicht getan hat, empfehlen, in der Bhagavad Gita nachzulesen. Um es kurz zu machen, Krishna sagt zu Arjuna: »Du hast keine andere Wahl als zu kämpfen, denn es ist dein Schicksal. Du *hast* jedoch die Wahl deiner Einstellung. Wenn du in der Illusion kämpfst, dass du jemanden töten und damit allgemein etwas ausrichten kannst, dann bist du bereits besiegt, bevor du den ersten Schlag getan hast. Anders ist es, wenn du erkennst, wer es ist, der getötet wird, und wenn du fragst: ›Gibt es so etwas wie den Tod eigentlich?‹ und: ›Was wird dadurch verändert?‹. Wenn du nur kämpfst, weil es deine Bestimmung ist und nicht weil es dir irgend etwas bedeutet, dann hast du nachgegeben und bereits gewonnen.«

Wenn du dein Haus verteidigen musst, dann verteidigst du dein Haus –, weil das Prinzip des »Nachgebens, um zu siegen« nichts ist, was man innerhalb einer Generation in einer ganzen Kultur erfolgreich einführen könnte. Aber du verteidigst dein Haus ohne Voreingenommenheit, ohne Rachsucht und ohne Hass. Wenn du dich verteidigst, dann tust du das nur, weil du dadurch deine Familie und deine Kultur schützt. Du verteidigst dich nicht, weil du den Feind hasst.

Es gibt viele junge Juden, die niemals die USA verlassen haben und nichts mit dem Zweiten Weltkrieg zu tun hatten. Nicht einmal jemand aus ihrer Familie ist umgekommen. Trotzdem machen sie immer noch Deutsche in eurem Alter dafür verantwortlich, was vor siebzig Jahren geschehen ist. Eine solche Haltung ist die Ausgangsbasis für alle Gewalt – eine Gewalt, die nur neue Gewalt hervorbringt.

Ich habe gelegentlich die Erfahrung gemacht, in einer Stimmung von Hingabe zu sein. Meine Frage ist: Wie kann ich diese Stimmung halten oder bewahren?

Wenn es dir gelingt, solltest du dich, wenn du in dieser Stimmung bist, daran erinnern, dass deine Fähigkeit, deinen Zu stand aufrechtzuerhalten, mit deiner organischen Matrix zu tun hat, nicht mit dem, was dein Verstand oder dein Ego wollen. Wenn du in diesem Zustand bist, frage dich: »Was trägt dazu bei, diese Matrix aufzubauen?«. Dann kannst du im folgenden entsprechend der Antwort auf diese Frage handeln. Du musst entweder selbst daran denken, dir diese Frage zu stellen, oder dich auf die Hilfe der anderen Glieder des »Körpers der Arbeit«, verlassen, dass sie dir helfen, die Frage für dich hervorzubringen.

In einer erleuchteten oder hingebungsvollen Stimmung wird die Frage: »Wird diese Erfahrung jemals vorübergehen?« niemals auftauchen, weil in diesen Stimmungen das instinktive Wissen da ist, dass Erleuchtung das *Wissen ist, dass alle Dinge vergänglich sind, einschließlich der Erleuchtung selbst.* Man weiß, dass es vorübergehen wird, na und? Es hat keine Bedeutung, weil Erleuchtung das Wissen ist, dass alle Dinge vergänglich sind, selbst die Erleuchtung.

Der zweite wichtige Punkt ist, dass man in dieser Stimmung oder diesem Zustand der Hingabe niemals annehmen sollte, es gäbe keine Arbeit mehr zu tun. Der Zustand der Widerstandslosigkeit oder Erleuchtung ist identisch mit der Erkenntnis, dass man keine Wahl bezüglich der Arbeit mehr hat. Sobald der Freiraum, der mit der Widerstandslosigkeit verbunden ist, wieder zu schwinden beginnt, ist offensichtlich, dass man einfach weiterarbeiten sollte. Es mögen Zweifel kommen, aber was bleibt, ist die Gewissheit der Arbeit, auch wenn dich Leichtigkeit und Grazie wieder verlassen.

Ich habe eine Frage zu meiner Sehnsucht nach Gott. Wenn ich eine Beziehung zu einem Mann beginne, dann vermische ich das immer mit meiner Sehnsucht nach Gott und habe das Gefühl, dass der Gegenstand meiner Liebe unerreichbar sei. Im Laufe der Jahre bin ich zu der Überzeugung gelangt, dass ich Gott in gewissem Sinne verloren habe, weil er meine Gebete nicht erhört hat. Er hat mir nicht gegeben, was ich so sehr gewünscht und wonach ich mich so sehr gesehnt habe.

Als erstes glaube ich, dass das, was du beschreibst, eine sehr weit verbreitete Erfahrung vieler Menschen ist. Es ist sicher nichts Ungewöhnliches.

Angesichts unserer Erziehung, unserer Bildung, ja sogar der Elemente unseres Körpers, werden unsere falschen Vorstellungen permanent bestärkt und unser echtes Unterscheidungsvermögen geschwächt. Wir werden normalerweise unterschwellig dazu erzogen zu glauben, dass Gott an einem bestimmten Ort ist und dass wir, wenn wir um etwas beten, alles bekommen, worum wir beten, vorausgesetzt wir beten auf die richtige Weise.

Sagt Jesus nicht: »Klopfet an, und es wird euch aufgetan«?

Ja, ich werde darauf noch zu sprechen kommen.

Eine der Antworten der Menschheit auf das Leiden ist die Idee der Erlösung. Für ein fünfjähriges Kind ist ein neues Schaukelpferd eine Erlösung. Für ein fünfzehnjähriges ist es eine Freundin oder ein Freund. Für einen dreißigjährigen Menschen sind es gesunde Kinder oder eine funktionierende Beziehung. Für einen Sechzigjährigen ist es Gesundheit – einfach nicht krank zu werden. Und der Verlust des Gottvertrauens ist sehr weit verbreitet, weil die Menschen den göttlichen Prozess missverstehen. Für die meisten Menschen ist Gott nur ein Element des Ganzen, statt der *wesentliche* Prozess.

Statt zu glauben, du hättest in deinem kindlichen Gebet versagt, solltest du erkennen, dass du *nicht* versagt hast. Du hast bloß nicht gebetet. Wirkliches Gebet ist nichts als vollkommene Hingabe. Es ist niemals die Bitte um etwas. (Wenngleich wir etwas wollen und es normal wäre zu denken: »Warum sollen wir es nicht bekommen?«)

Jesus sagte: »Klopfet an, und die Tür wird euch aufgetan«, aber was meinte er eigentlich mit »Klopfen« und was meinte er mit der »Tür«, die aufgetan werden soll? Ich würde behaupten, dass Hingabe Anklopfen ist, und wenn du voller Hingabe bist, stehen dir alle Türen offen, die Tür der Ekstase, des Verständnisses, der Klarheit, des Dienens und noch viel mehr.

Ein zweites Element in deiner Frage ist: Man kann Gott nicht wirklich kennenlernen, ohne die Menschen zu kennen. Und wer die Menschen kennt, wird von einer zwischenmenschlichen Beziehung nicht dasselbe erwarten wie von der absoluten Reinheit des Göttlichen. Die Menschen zu kennen heißt, ohne Verwirrung und Zweifel anzuerkennen, dass Männer und Frauen Hoffnungen, Träume, Schmerzen und Ängste haben. Wir sind Menschen und müssen in einer Beziehung bereit sein zu geben, könnten aber auch erwarten, zu einem gewissen Grade zu empfangen. Gott zu kennen heißt, möglich zu machen, dass unsere Erwartungen gesund und im Wesentlichen harmlos sind.

Wenn du also sagst, dass jemand für dich unerreichbar wird, wenn er das Objekt deiner Liebe ist, machst du ihn zum Ideal, statt zur Realität. Mit diesem Idealismus aufzuhören heißt jedoch nicht, fortan mit saurer Miene und voller Pessimismus herumzulaufen. Es heißt vielmehr, sich am Gewöhnlichen zu erfreuen. Eine Beziehung, die sich nicht am Gewöhnlichen erfreuen kann, ist zum Scheitern verurteilt, sie führt zu noch mehr Urlaubsreisen, noch mehr teuren Restaurantbesuchen, noch mehr Kino, Unterhaltung, wildem Sex, mehr, mehr, mehr, bis sie schließlich unter der Last des ständigen Mehr zusammenbricht.

In einem Moment nüchterner Beobachtung bin ich zu der Erkenntnis gelangt, dass die gesamte Menschheit ein

Ausdruck verschiedener Grade von Krankheit ist. Dennoch wird Gott immer in der Mitte dessen gedient, was du als Mensch bist und was du wirst – niemals dadurch, dass du außerhalb deiner Menschlichkeit stehst. Wandlung geschieht in Handlung, durch einen Prozess, nicht in einem statischen Zustand. Dieser Prozess findet inmitten unserer Kämpfe, unserer Neurosen, unserer Ängste, unserer Freuden und unserer Leidenschaften statt. Er ist in allem.

Über

den Autor:

Lee Lozowick ist ein amerikanischer spiritueller Lehrer, der seit 1975 Tausende von Menschen in Nord-Amerika, Europa und in Indien gelehrt hat. Er ist der spirituelle Sohn des Bettler-Heiligen, Yogi Ramsuratkumar (1918-2001) von Tiruvannamalai, Süd-Indien. Lee hat mehr als siebzehn Bücher geschrieben, von denen bereits einige ins Französische, Deutsche, Spanische, Portugiesische und andere Sprachen übersetzt und veröffentlicht wurden. Die spirituellen Bücher *Getting Real* und *Feast or Famine: Teachings on Mind and Emotion* werden auch auf deutsch bei Advaita Media erscheinen. Lee's Lehre – die sogenannte Amerikanische Baul Tradition – beinhaltet die Ausübung verschiedener Yoga-Praktiken und eine Auffassung der Realität, die er „erleuchtete Dualität" nennt, bis hin zu einem sozialen Verständnis, welches insbesondere den Bedarf an Freundlichkeit, Großzügigkeit und Mitgefühl in zwischenmenschlichen Beziehungen betont. Des weiteren schreibt Lee Gedichte, Songtexte, und ist Leadsänger mehrerer Bands. Er lebt im Norden Arizonas.

advaita *media*

Maria-Louisen-Str. 57, D-22301 Hamburg
Tel : +49-(0)40-410 85 -65, Fax : +49-(0)40-410 85 -30
Email: order@advaitamedia.com

NEU! **DER WEG DER WEISHEIT**
Das Tao Te King für den Alltag.
William Martin, einer der bekanntesten Tao-Lehrer, übersetzt und kommentiert alle 81 Kapitel des Klassikers der Weisheitsliteratur in diesem Werk neu, um jeweils die Essenz für den praktischen Alltag offen zu legen. Ein Buch für die Praxis!
€ 22,50, Hardcover

Tod
Das HörBuch 1 führt an die tiefe Begegnung mit dem Tod heran.
HörBuch 1, € 19,80

NEU! **Neuerscheinung „Wege der Stille"**
Von Advaita bis Zen. Wir berichten über Wege der Stille, Lehren und Meister der Stille - Ramana Maharshi, Willigis Jäger, OM C. Parkin - und Orte der Stille.
€ 16,80

Mysterienschule - Schule für innere Transformation
Die Mysterienschule ist eine Schule der Selbsterforschung, die dem Menschen Schlüssel in die Hand gibt, nicht nur die persönliche Geschichte, sondern auch die der Familie, der Nation und der ganzen Spezies „aufzuschließen".
€ 9,00

Gott und Teufel
Im HörBuch 2 geht es um das dualistische Konzept von Gott und Teufel.
HörBuch 2, € 19,80

Der neue Bestseller bei advaitaMedia!
Ein spiritueller Liebesroman mit ungeahnter Tiefe und Intensität von Daniela Jodorf, der das Herz und den Verstand gleichermaßen berührt.
„Es gibt nur einen Weg, den du gehen kannst!", den Weg der Liebe, weiß Arun als er auf die Deutsche Saraswati trifft. Doch dieser Weg ist voller dunkler Geheimnisse. Erst wenn die Muster der Vergangenheit vollständig geschaut sind, wird das ersehnte reine Selbst offenbar.
€ 19,95

NEU! **Die romantische Liebe**
Das HörBuch 3 klärt den Weg zur erfüllten Liebe zwischen Mann und Frau.
HörBuch 3, € 19,80

www.advaitamedia.de